나라의 나라

김경복 지음

씨마스

저는 우리나라에서 가장 큰 공기업에서 31년간 다양한 업무와 여러 지역의 사업소장을 거쳐 교육원장을 끝으로 정년퇴임했습니다.

교육원장의 직무를 수행하면서 제가 가장 관심을 가졌던 부분은 신입사원과 관리자들의 리더십 과정이었습니다. 신입사원에게는 두려움 없이 조직에 빨리 다가갈 수 있는 유연성과 도전정신이, 머리가 굳을 대로 굳은 관리자들에게는 흥미를 자아내면서도 조직 특유의 경직성을 허물 수 있는 리더십이 필요했습니다.

교육전문 컨설팅 그룹의 자문을 받아 신입사원들은 현장에 즉시 적응할 수 있는 행동 중심교육으로 전환하고 리더십 분야는 사내 강사진을 지원 그룹으로 배치하는 한편, 인문·경영학 교수, 방송인, 경영실적이 탁월한 CEO 등을 전면 배치했습니다.

그러나 리더십 분야에 대한 호응도는 썩 좋은 편이 아니었습니다. 인문·경영학 교수들의 학술적 강의는 강사들보다 나이가 많은 수강생들을 피곤하게 했고, 특정 CEO의 자기 기업에 맞춘 리더십에 대하여는 시의성, 다양성, 일반성 측면에서 동의하지 못하는 수강생이 많았습니다.

교육생이 되면 배가 고프다는 말이 있습니다. 이 말은 무언가 채우고 싶은 욕망의 표시입니다. 그런데 학생도 아닌 직장인에게 누군가가 대신 먹여준다고 하면 어떤 태도를 보일까요? 모두가 싫다고 말하겠지요.

교육생들은 신입사원이든 관리자이든 자유롭기를 바라고 자유로운 가운데 발상의 전환을 통해 스스로 변하기를 갈망하는데, 그것을 외면하고 교육자 중심으로 교육과정을 편성했던 것이 문제였습니다.

　날 선 규칙도 오래되고 돌보지 않으면 습관처럼 변하고 그 안에서 악취를 풍기는 부정이 움트게 됩니다. 규칙과 습관, 부정과 부패는 동전의 양면과 같습니다. 정의로운 사람들에게는 다르게 보이고 정의롭지 않은 무리들에게는 같은 것입니다.

　이 책에는 열일곱 가지의 동화, 또는 우화 같은 이야기들이 나옵니다. 근사하게 차린 밥상이 아니라 여러 가지 반찬과 먹을 것들이 놓인 뷔페와 같은 것이지요.

　동화나 우화의 특징은 거칠고 난폭한 현실을 독자들이 편한 마음으로 재미있게 읽도록 바꿔 그 끝에 진한 여운을 남겨주는 것입니다. 이 여운들은 독자에 따라 무겁게 다가오기도 하고 바람처럼 그냥 스쳐버릴지도 모릅니다.

　아무쪼록 독자 여러분께서 이 책을 재미있게 읽어주셨으면 좋겠습니다. 그리고 거기서 생긴 여운이 촉매가 되어 읽는 이로 하여금 과거와 현재를 되돌아보고 미래를 내어다볼 수 있게 한다면 이보다 더 보람된 일이 없을 것입니다.

2015년 9월

차례

1부

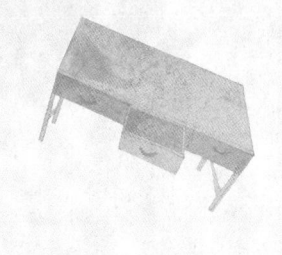

2부

이 책은 **나라**읍, **나라**초등학교에서 일어난 이야기들입니다. **나라**읍, **나라**초등학교에서부터 큰 나라에 이르기까지 나라를 움직이는 조직은 구성원 전체가 아닙니다. 소수의 힘을 가진 그들만의 나라가 따로 있습니다.

『**나라**의 나라』는 그들만의 나라가 아닌, 모든 이의 나라가 되기를 희망하는 메시지입니다.

2015년 9월 1일 초판 1쇄 인쇄
2015년 10월 10일 재판 2쇄 발행

저   자   김경복
발 행 인   이미래

발 행 처   씨마스
등록번호   제2-3886호
주   소   서울특별시 중구 서애로 23 통일빌딩
전   화   (02)2274-1590~2
팩   스   (02)2278-6702
홈페이지   www.cmass21.co.kr
E-mail   cmass@cmass21.co.kr
ISBN | 979-11-5672-046-1 03320

값 14,000원

1부

꾸미기

　　전쟁이 끝났다. 참혹한 전쟁이었다. 온 나라가 파괴되고 인심도 사나웠다. 이제, 이 나라에선 아이들조차 아름다운 꿈을 꾸지 않는다. 어른들처럼 전쟁놀이에 빠져 있거나 아무것도 아닌 일로 시비를 걸고 싸우는 일이 태반이다.

　　무엇이 이렇게 만들었을까? 전쟁이다. 전쟁은 목적이 어디에 있든 시간을 정지시키거나 파괴한다. 전쟁이 있던 곳엔 과거도 없고 미래도 없다.

　　여기는 **나라**초등학교의 교장 선생님 관사.

　　아침이다. 먼동이 트자 붉은 해가 산마루로 솟는다. 관사 앞으로 흐르는 시냇가엔 하얀 얼음이 더께로 쌓였다. 겨울이 지긋지긋한 사람에게는 아직도 겨울이고 봄을 애타게 기다리는 이에겐 때 이른 봄. 겨울도 아니고 봄도 아니다.

교장 선생님이 덧문을 열었다. 북쪽에서 바람이 와서 남쪽으로 간다. 반가운 손님이 와서 바람처럼 자취 없이 간다면 허전할 게다. 바람이라 다행이다.

나이가 드니 와야 할 손님은 오지 않고 무심한 바람만 제멋대로 오고 간다. 바람처럼 몸이 가벼우면 얼마나 좋을까? 몸이 예전 같지 않다. 허리는 왜 이리 쑤시는지, 무심코 꺼내 든 담배조차 무겁다.

이젠 가벼워지고 싶다!

아침을 끝내고 아내가 출근복을 가져다주기를 기다리던 교장 선생님의 시야에 **나라**초등학교의 전경이 현미경처럼 가깝게 다가온다. **나라**초등학교 오른쪽 언덕엔 교회가, 왼쪽엔 신작로와 황량하게 뻗은 들판의 정경이 허전해 보인다.

"괴물인지고……. 전쟁 전에는 참 아름다운 학교였는데, 언제 옛 같이 꾸밀는지."

장승처럼 큰 키를 구부정히 낮춰 창밖을 보는 교장 선생님의 얼굴에 수심이 고인다.

아내가 교장 선생님이 입을 새 옷을 가지고 왔다. 아내는 교장 선생님에 비해 키가 훨씬 작다. 그러나 깔봐서는 안 된다. 야무지기로 말하면 읍내에선 당해낼 여인이 없다. "작은 고추가

맵다."는 속담이 그래서 나온 듯하다.

교장 선생님은 눈도 작고 안경도 작은 아내가 내민 옷을 선뜻 받을 기세가 아니다. 어딘가 이상한 옷이다.

"이 옷을 입으라고? 독일 장교 복장 같군. 교장 선생이 입기엔 좀 어색하지 않소?"

교장 선생님은 마지못해 아랫단이 좁은 당고바지를 한 다리에 걸치면서 왠지 어색한 기색을 감추지 못한다. 그런데 웬걸, 이건 뭐람! 윗도리 왼쪽 가슴에 달린 묵직한 쇳덩어리는 무엇인가!

"아니, 여보. 이건 뭐요?"

"메달이지요."

"그래. 작년 교육위원회에서 받은 40년 근속 기념 메달 아니오?"

"그래요. 그 메달이지요."

"여보, 이건 훈장이 아니고 메달이오. 훈장도 아닌 메달을 가슴에 다는 위인이 어디 있담!"

"메달을 장롱 속에 넣어 두기만 하면 누가 알아주나요?"

"그래도 그렇지. 나는 못 하오. 어서 메달을 떼줘요."

"어린 학생들이야 훈장이 뭔지, 메달이 뭔지 알 턱이 있겠어요?"

"하지만 선생님들은 날 비웃을 텐데……?"

"그것은 염려 안 하셔도 돼요. 대꼬챙이 같은 교무주임 빼고는 제가 다 얘기해 놨으니까."

"내겐 교무주임이 가장 무서운 사람이라오!"

"선생님들이 다 좋다는데 교무주임인들 어쩌겠어요."

"도대체 내가 왜 이 옷을 입어야 하는 거요? 그 이유를 들어봅시다."

"아시다시피 지금은 전쟁이 끝난 뒤라 사회가 매우 혼란스러워요. 교장 선생님과 같은 지도자들에겐 위태로운 일들이 많이 발생하지요. 더욱이 교장 선생님은 나서기를 잘하는 편인 데다 키가 크고 야윈 편이어서 무언가가 지켜줘야 해요."

교장 선생님이 긴 얼굴을 수그려 자기의 풍채를 내려다본다.

"내가 마르긴 했지. 임자의 말씀은 내가 살찌고 배가 나오기를 바라는 거요?"

"천만에요. 저는 지금의 당신이 좋죠. 인자하시고…… 저를 사랑해주시고……."

"그런데?"

"학교에서만큼은 호랑이같이 무서운 교장 선생님이 되셔야 해요. 그래야 빨리 학교를 세우고 제멋대로인 아이들을 제자리에 앉힐 수 있답니다."

부인은 남편을 올려다보며 설득조로 말했다.

"허허허. 임자도 참, 권위라는 건 겉모습에서 나오는 게 아니라오."

"그럼요. 권위라는 게 꼭 겉모습에서 나오는 것만은 아니지요. 곡식도 알맹이가 중요하듯."

"그런데 왜 이런 걸 거추장스럽게 달려고 하는지 원."

"불편하시겠지만 제가 생각해서 그리한 것이니 며칠만이라도 달아보세요."

"임자의 말이니 그렇게 하리다만, 이건 아닌 것 같소. 훈장이 아닌 메달을 가슴에 단다?

메달이 하나라 다행이지 여러 개였으면 큰일 날 뻔 했구려. 『중용中庸』에 물극필반物極必返이란 말이 있지요. 그네의 원리 같은 건데, 지나치게 높이 구르면 위험한 법이거늘!"

교장 선생님이 나직이 속삭였다. 부인이 고개를 반쯤 끄덕이며 사르르 눈을 감는다. 이 행동은 남편과 의견이 다를 때 부인이 취하는 버릇이다.

교장 선생님은 윗도리를 반만 걸친 채 이 옷을 입어야 하나 말아야 하나 망설이고 서 있다.

"교장 선생님, 삼국지를 보셨는지요?"

"삼국지가 어떤 삼국지를 말하는지 모르겠소만, 유비, 관우, 장비가 나오는 삼국지 말이오?"

"그래요."

"보았소만……."

14

"저는 사실 본 일이 없어요. 어렸을 때 아버님께 들었을 뿐."

"그걸 왜 묻는 거요?"

"싸움터에서 유비가 앞장선 장면이 있던가요?"

"글쎄……? 관우나 장비, 조자룡이 앞장서지 않았던가?"

"제가 아는 것도 그래요. 그런데 평상시는 어땠나요? 예를 들면 이웃 나라 왕을 만나거나 제후들과 담판을 할 때 말이에요."

"유비가 앞장을 섰지."

"제가 알기로도 그래요. 평상시에는 유비가 앞장을 섰지요. 하지만, 싸움터에서는 뒤에 있었지요."

"흠, 그렇군."

"왜 그랬을까요?"

교장 선생님이 지긋이 아내를 내려다본다.

이것은 물음이 아니다. 초등학생에게 맡겨진 숙제와 같은 것이다. 만약 아내가 원하는 답변이 나오지 않으면 아내의 사설은 더욱 길어질 것이다. 이걸 어쩌지? 궁리할수록 난감할 뿐이다.

"옷을 입고 있는 중이라 생각이 떠오르지 않는구려."

"생각해보세요. 유비같이 훌륭한 왕이 왜 전쟁 때에는 뒤에 섰겠습니까? 혼란스러워 중심이 보이지 않았기 때문이지요. 중심이 보이지 않는데 중용이 무슨 가치가 있겠습니까?"

순간 교장 선생님의 뇌리를 때리는 섬광이 있다.

"오~라! 무슨 말인지 알겠구려. 임금 군君 자를 보면 다스릴 윤尹 자 밑에 입 구口 자가 붙어 있어. 임금은 말로 다스려야지

15

몸을 앞세우지 말라는 뜻이렸다! 당신의 말씀은 내 앞에 선생님들을 앞세우라는 거지요?"

"바로 그거예요!"

"현명한지고, 나의 아내여. 이 메달이, 아니 훈장이 나를 뒤에 서 있게 해주는 명분이 되겠구려!"

"물론!"

"선생님들 앞엔 학생들을 세우고? 쉽게 말하면 선생님들이 관우와 장비가 되고 학생들은 병사가 되겠군!"

"아무렴요."

교장 선생님이 주섬주섬 옷을 입는다. 가슴에 달린 쇳덩어리가 창틈으로 들어온 햇살에 찬란하게 빛난다.

관사에서 **나라**초등학교까지는 길이 아닌 길이 있다. 샛길이다. 좁고 긴 과수원 탱자나무 울타리를 지나면 논둑길이 있고, 그 길을 따라가면 **나라**초등학교가 나온다.

부인은 교장 선생님의 모습이 사라질 때까지 대문 앞에 서 있었다. 그녀의 눈에는 허리를 뒤로 젖힌 채 뒷짐을 지고 가는 교장 선생님의 상체와

긴 다리로 왜가리처럼 휘청휘청 걷는 하체가 서로 다른 사람을 합쳐놓은 것처럼 보인다. 상체는 기린 같은데 하체는 왜가리를 닮았다.

그걸 아는지 모르는지, 교장 선생님은 기분이 좋다. 가슴에 단 메달이 약간 무겁기는 하나 그 무게만큼 아내가 자신을 사랑한다고 생각하자 몸이 한결 가벼워진다.

교장 선생님은 이 길을 늘 혼자 가고 혼자 왔다. 그런데 웬일일까? 건너편에서 낯선 사나이가 둥근 장군을 지고 온다. 마침, 아침 해가 장군의 뒤로 떠오르고 있어서 교장 선생님은 사나이가 해를 지고 오는 것처럼 느꼈다.

가까이 오니 사나이도 지고 있는 장군 못지않다. 비록 곰보자국이 있기는 하나 얼굴에 혈기가 있고 구레나룻과 턱수염이 돋보인다. 턱수염 끝엔 땀방울이 맺혀 있다. 힘이 드는가 보다.

서른은 넘고 마흔은 안 돼 보이는데 나이를 가늠할 수 없는 용모이다. 그런데 사나이가 가까이 올수록 구린 내가 난다. 어디서 나는 걸까?

17

사나이가 걸음을 멈추고 비켜서면서 장군이 앞으로 쏠릴 정도로 꾸뻑 인사를 한다. 더욱 진동하는 구린내! 교장 선생님이 코를 막고 사나이의 지게에서 장군이 굴러내릴까 지레 겁을 먹고 한 발 물러서며 사나이에게 물었다.

"나는 이녁을 모르는데, 이녁은 나를 아시오?"

"그러문입죠."

"어떻게?"

"이 시각에 이 길을 지나는 사람은 선생님밖에 없습죠. 그리고 머리가 희고 훈장을 다신 걸 보면 교장 선생님이 분명할 터!"

"오, 맞아요. 나를 알아주다니, 고맙구려."

"저는 활동사진도 본 일이 없고, 텔레비전도 본 일이 없답니다. 눈에 뵈는 게 사실밖에 없습죠."

"나를 알고 있는 이녁은 어디 사는 누구신감?"

사나이가 두 손을 마주 잡고 허리를 굽히며 히쭉 웃는다. 할 말이 있는데 그 말이 입 밖으로 나오지 않는가 보다.

"읍내에 사는……."

"그래, 읍내에 사는 누구시오?"

"…… 이름을 말해도 곧 잊으실 텐데요."

"오라, 이름이 어려운가 보구려."

"그렇지는 않습니다만."

"그런데 왜 내가 잊어버릴 거라고 생각하오?"

"제가 사실 똥장군을 지고 있거든요."

"오라, 그래서 구린내가 진동했구먼."

계면쩍은지 교장 선생님이 손바닥으로 닫고 있는 코의 문을 열었다.

"제겐 분명 이름이 있습지오만 읍내 사람들은 이름 대신 저를 똥장군이라고 부른답니다."

사나이는 굽실거리고, 교장 선생님은 허리를 편다.

"이름이 있는데 똥장군이라 부른다고? 그건 예의가 아니오. 나는 그대의 이름을 부르고 싶소만!"

"인자하신 교장 선생님, 말씀만으로도 고맙습니다. 그런데 저는 이제 똥장군으로 불리는 데 더욱 익숙해졌답니다."

"허허! 이름을 버릴 셈이오?"

"버린다기보다 간직한다는 것이 어떨지?"

"이름은 간직하는 게 아니라오."

"물론, 그렇습죠만, 사람들이 저를 똥장군이라고 부르는 데는 나름의 이유가 있는지도 모릅니다."

"그 이유가 뭔데?"

교장 선생님이 심각한 표정으로 물었다. 사나이가 곰곰이 생각하더니 작대기로 장군을 톡톡 치며 싱겁게 웃었다.

"이 똥통에 제 똥이 들어 있는 게 아니걸랑요. 전부 남의 똥이라서 그런지도 모르지요"

"그 말이 무슨 뜻인가?"

"사람이 한평생 제 이름을 지고 산다고 합니다만, 저는 늘 남

의 것만 지고 다닌지라……. 이름도 그래서 그렇게 불리는 게
아닌가 생각이 들어서…….”

“궤변이로고, 그런데 무겁지는 않소?”

“예, 무겁다고 생각한 적은 없습죠. 무엇이든 똥이 된 것은 무
게가 훨씬 가볍걸랑요.”

“호~오!”

“아무튼 친절히 대해줘서 고맙습니다. 교장 선생님, 오늘 하
루도 행복하시기를!”

사나이는 연신 고개를 조아리더니 교장 선생님을 피해 그의
길로 향했다. 이제 교장 선생님의 앞엔 아무도 없다.

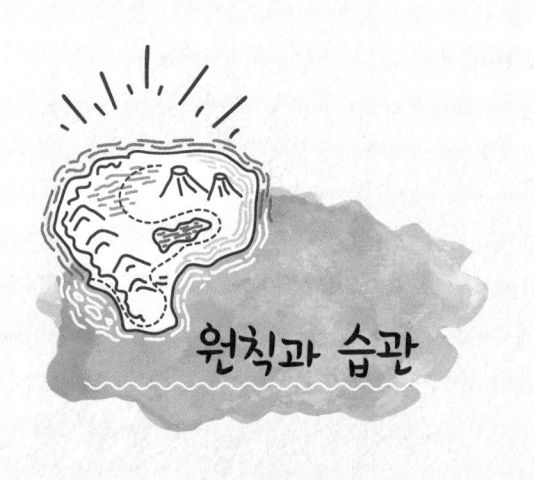

원칙과 습관

　　　교장 선생님은 하루 중 등굣길이 가장 즐겁다. 비록 10분 남짓이지만 길섶의 민들레가 교장 선생님을 위해 펴고 햇살조차 교장 선생님을 향해 비추니 어찌 즐겁지 아니하겠는가.

　　오늘은 바람조차 등을 밀어준다. 교장 선생님의 모습이 더욱 산뜻하고 걸음도 가볍다. 이제, 교장 선생님이 **나라**초등학교로 들어갈 참이다. 키 큰 향나무들이 헐거운 옷을 입은 토용土俑들처럼 **나라**초등학교를 에워싸고 있다.

　　이 학교의 뒷문은 정문처럼 문이 있는 게 아니다. 토용 하나가 썩은 이빨처럼 빠져 그 자리가 맨질맨질하게 터졌다. 샛길도 아니고 개구멍도 아닌 셈이다.

　　교장 선생님이 이곳을 통과할 때는 늘 주위를 살핀다. 혹시 선생님들이나 학생들이 볼까 싶어서이다. 이 순간만큼은 샛길로 온 것이 후회가 된다.

교장 선생님이 처음부터 샛길을 이용한 것은 아니다. 본시 그는 관사 옆 냇길을 따라 신작로까지 가서 신작로를 따라 우회하여 **나라**초등학교로 출근했다. 이 길로 가면 학교까지의 거리가 샛길의 배가 된다. 그러나 마음은 한갓지다. 언제부터 몸은 편한데 마음은 편치 않은 길을 택했는지는 기억에 없다. 항상 그러한 것은 아니지만 자유에는 그에 상응하는 구속이 따르나 보다.

교장 선생님의 시야에 들어온 학교는 낡은 책을 연상시킨다. 군데군데 찢기고 표지는 제목을 알 수 없이 헤진 책, 버릴 수도 없고 꽂아놓을 수도 없는 그런 책 같다. 무너진 기둥과 슬레이트 조각이 지붕을 덮고 있고 깨어진 유리조각이 혼재된 쓰레기 더미가 산처럼 쌓였다.

"토용들이 경계를 서고 있으니 무덤과 다를 것이 무엇인가! 빨리 아이들에게 좋은 교실을 만들어줘야 하는데……."

교실로 향하는 교장 선생님의 발걸음이 무겁다. 일찍 온 아이들이 말타기, 구슬치기 놀이를 하다가 반쯤은 도망가고 반쯤은 건성으로 인사한다. 줄달음치는 아이들이 다칠까 염려되어 손사래를 쳐보지만 아이들은 생쥐처럼 사라진다. 주위를 둘러보니 **나라**초등학교처럼 술래잡기하기 좋은 장소가 없다. 꼭꼭 숨은 아이들이야 머리카락이 보이면 나오겠지만, **나라**초등학교는 언제 제 모습을 보이려는지. 도망가는 아이나 인사하는 아이를 구별할 필요는 없다. 멀리 있으면 적이 되고 가까이 있으면 아군이 되는 게 아니므로.

나라초등학교만 생각하자!

교무실이라고 해서 교실과 다른 것은 별로 없다. 다른 것이 있다면 헌 책상과 삐걱거리는 걸상이 있을 뿐. 원칙주의자라고 소문난 교무주임이 회의 준비를 위해 분주히 움직이고 있다. 성미가 까다롭고 소심한 교무주임은 턱도 뾰족하고 눈도 뾰족하다.

4학년 담임은 네모메기 선생님이다. 얼굴은 네모지고 입은 메기를 닮았다. 그러나 그의 입도 읍내의 항아리라고 소문이 난 아내의 입에는 견줄 바가 되지 못한다. 네모메기 선생님은 교무주임의 동태를 살피며 긴 먼지떨이로 검게 그을린 벽을 훑는다.

6학년 담임 세모빠가 선생님은 연장을 들고 구멍 난 바닥을 메우고 있다. 빠가사리처럼 날쌔나 움직일 때마다 빠가빠가 하고 소리를 낸다. 총각이다.

1학년 담임은 따오기 선생님. **나라**초등학교의 홍일점이다. 따오기 선생님은 자리에 앉아서 거울을 보며 분주히 입술연지를 바르고 있다. 언제 봐도 예쁜 얼굴이다. 그녀는 예쁜 자기 얼굴 뒤로 칙칙한 남자 선생님들의 거동을 살핀다.

"처음 보는 옷인데?"

교실 바닥을 메우며 세모빠가 선생님이 속삭인다. 따오기 선생님이 거울 속의 그에게 답변한다.

"눈썰미도 좋으셔라. 웬 관심?"

"어디서 샀어요? 읍내?"

"흥!"

"교육위원회가 있는 도시?"

"흥! 서울에도 없는 옷이에요!"

거울 속에 있는 두 사람은 마주 보지 않는다.

"특이한 옷이긴 한데……."

"물론! 서울에서도 곧 유행할 거예요."

"지금은 서울에도 없는 옷이라는 뜻?"

"파리 사는 이모가 선물한 거니까."

"와, 파리에서……, 어쩐지."

거울 속에서 두 눈이 마주쳤다. 따오기 선생님이 옷매무새를 고친다.

"제가 입으니까 어때요?"

"잘 어울려요. 몸이 받혀주는군."

세모빠가 선생님이 엉금엉금 기어 온다. 가까워지는 두 사람.

"와, 세모빠가 선생님, 유행을 아시나 봐."

"유행이란, 내겐 익숙지 않은 거요. 내가 따오기 선생님의 거울이나 못을 들고 있는 것처럼."

"가만, 이 거울 속엔 세모빠가 선생님이 못을 가지고 있는 모습만 보이는데?"

따오기 선생님의 거울 속으로 네모메기 선생님이 들어왔다.

그는 세모빠가 선생님이 못을 박고 있는 모습을 유심히 관찰한다. 세모빠가 선생님이 못 박기를 중단하고 네모메기 선생님을 올려다본다.

"왜 그리 보십니까? 네모메기 선생님."

"못도 유행하는 못이 따로 있다는 걸 알지 못했기에……."

따오기 선생님이 거울을 돌린다. 사라지는 두 사람. 따오기 선생님의 거울엔 따오기 선생님밖에 없다.

벽에 걸린 괘종시계가 아홉 번 울리자 교장 선생님이 긴 얼굴에 잔잔한 미소를 머금고 교장실을 나왔다. 평소와 다른 복장과 표정을 보자 교무주임이 깜짝 놀란다. 교장 선생님도 왠지 어색한 모양이다. 한 손으로 메달이 걸린 가슴을 쓸어내리며 헛기침을 한다.

"교장 선생님, 좀 이상합니다만, 가슴에 다신 게 뭔지?"

교무주임의 걱정스런 표정. 교장 선생님의 낯이 빨갛다.

"뭘 말하는 겐가?"

"가슴에 다신 게 지난 번 받으신 40년 근속 기념 메달인 듯한데? 교육위원회에서 제가 받아 온 것이라 기억합니다만?"

"교무주임이 하고 싶은 말이 뭐요?"

"그러니까 제 말은, 그것은 가슴에 달 것이 아니지 않나 하는……."

교무주임이 머뭇거리자 네모메기 선생님이 끼어들었다.

"제 생각에 교장 선생님은 아주 멋진 흉장을 가슴에 달고 계십니다만, 무엇이든 가슴에 달면 흉장이 되고 어깨에 달면 견장이 되는 게 아닐까요?"

교무주임이 네모메기 선생님을 쏘아 보면서 비웃듯이 웃었다. 그리고 따오기 선생님에게 묻는다.

"따오기 선생님, 교장 선생님이 가슴에 다신 게 흉장이 맞습니까?"

"보시다시피 저는 목걸이를 목에 걸고 있고 브로치는 가슴에 달고 있어요. 제 말은 걸어야 할 것과 달아야 할 것은 다르다는 거지요."

"따오기 선생님! 저는 교장 선생님이 가슴에 다신 게 메달이냐 흉장이냐를 물은 겁니다."

"그건 모르죠. 저는 흉장은커녕 메달도 받아본 일이 없으니까."

따오기 선생님이 딴전 피우듯 말했다. 빨간 입술이 금붕어 같다. 이때 세모빠가 선생님의 카랑카랑한 목소리가 찬물처럼 좌중으로 쏟아졌다.

"이 교무실을 보세요. 벽은 그을린 아궁이 같고 바닥의 태반은 쥐구멍입니다. 지금 메달이 어쩌구, 흉장이 저쩌구 할 때가 아닙니다!"

교장 선생님이 눈을 지긋이 감고 수줍게 앉아 있다 번득 눈을 떴다. 그가 사방을 둘러본 다음 책상을 두드렸다.

"그렇소. 내 외양이 어떠하든 무슨 상관이오. 학교가 중요한 것 아니겠소?"

좌중이 모두 조용해졌다.

지금은 때가 아니다. 두고 보라지. 내 반드시 교장 선생님 가슴에 걸린 메달을 떼고 말 테다!

교무주임이 교무회의 주요 안건이 든 서류를 펼친다.

"선생님들께서도 잘 아시겠지만, 우리 학교 예산은 교육과정, 시설관리, 안전사고 예방, 행사, 인사관리 항목으로 나눠집니다. 이 예산은 전쟁 전에 내려진 것이지요. 우리 학교 상황과는 맞지 않아요. 보시다시피 지붕은 터진 밤송이 같고 성한 기둥이 없어요. 예산이 턱없이 모자란 형편입니다. 교실 바닥을 메우고 새 유리창을 끼울 예산도 없어요. 그야말로 면학 분위기가 말이 아닙니다."

교무주임의 표정이 동그라미에서 네모로, 때로는 뾰족하게 바뀐다.

"이건 보수의 정도가 아닙니다. 새 학교를 짓는 것이 차라리……."

따오기 선생님의 말이다.

"보수할 비용도 없는데 무슨 돈으로 새 건물을 짓는단 말이오."

"지금은 비상시국입니다. 국가에서도 비상시국이라는 게 있는데 우리 **나라**초등학교에서도 그런 게 필요하지 않을까요? 똥통이 넘쳐나는데 가만히 있으면 어떻게 해요. 무슨 수단이라도 써야지."

네모메기 선생님이 좌중을 돌아보며 네모지게 말했다. 네모는 모가 나면서도 안정적인 장점이 있다.

"국가는 비상시국을 선언할 수 있지만 우리가 어떻게 비상시국을 선언합니까? 상급부서가 있는데…… 늦더라도 예산 전용 신청을 해서……."

교무주임의 대답이다. 따오기 선생님이 코를 틀어막는 시늉을 하며 이맛살을 찌푸린다.

"예산 전용 허가를 받자면 몇 개월이 걸릴 텐데?"

세모빠가 선생님의 말이다. 그는 말뿐만 아니라 몸도 따오기 선생님 쪽으로 약간 기울였다.

"그래서는 안 되지."

"운동장에 똥물이 흐르겠어."

"한두 곳의 예산 전용으로는 아무것도 할 수 없어요. 다 바꿔야 해요. 이건 목을 걸어도 불감당이란 말입니다. 여러분이 교무주임이라고 해보세요. 아마 못 할걸요. 허가 없이 예산을 전용할 수는 없어요!"

교무주임은 단호하다.

"자, 자, 이럴 때일수록 중심을 잘 잡아야 해요. 교무주임 말씀도 옳고 네모메기, 세모빠가 선생님도 옳아요. 내가 알기로는 학교마다 형편이 달라요. 우리 학교처럼 형편이 나쁜 학교도 있고 그렇지 않은 학교도 있고……. 예산 전용 문제는 교육위원회와 상의해서 내가 어떻게든지 해결할 테니……."

분위기가 어수선해지자 교장 선생님이 수습하려고 나섰지만 아내의 모습이 떠올라 말끝을 흐린다. 왠지 그가 전쟁 중에 앞장을 서고 있는 장군이 되어 가고 있는 것은 아닌가 염려되었기 때문이다.

좌중이 조용해지자 네모메기 선생님이 긴급동의를 구하며 자리에서 일어났다.

"제가 좁은 소견으로 보기에 작금의 우리 학교는 학교가 아닙니다. 이런 분위기에서 어떻게 면학 분위기를 만들 수 있겠습니까? 해서 말씀드리는 건데 예산 전용은 교장 선생님과 교무주임께 맡기고, 우리 선생님들과 학생들도 부족한 예산만 탓할 게 아니라 앞장서서 학교의 재건에 매진해야 할 것으로 믿습니다."

"호~오! 선생님들과 학생들이 앞장을 선다?"

교장 선생님이 내심 쾌재를 부른다.

"그렇게 하자면 우선순위를 정해야 하는데, 지금 교실에서 공부하는 학생들을 보면 벽돌을 쌓아 책상 대용으로 쓰는 학생이 있는가 하면, 사과 궤짝 위에 책과 노트를 올려놓고 공부를 하니 이것부터 바꾸는 것이 시급합니다. 걸상은 차치하고라도 앉은뱅이책상을 만들어야겠어요. 그다음 순서는 마룻바닥을 수선하고 교실마다 뻥 뚫린 유리창을 끼우는 것입니다. 이렇게 하려면 확보된 예산이 턱없이 모자랄 것입니다. 그래서 말씀드리는 건데 난방비, 환경미화 예산, 앉은뱅이책상을 운송하는 비용을 줄이기 위해 학생들을 동원하는 것이 어떨는지요?"

"그게 무슨 말씀이오? 학생들 공부 시간에 책상을 나르게 하고 쓰레기 더미를 치우게 한다는 말씀인가요?"

교무주임의 말에는 뼈가 있다.

"일부 과목만 그렇게 한다면……."

"그것은 원칙을 허무는 일이요. 학부모들이 가만히 있겠습니까? 교육위원회는 어떻고요!"

"그러니까 제 의견은 일부 과목만 그렇게 하자는 겁니다. 국어, 산수, 자연, 사회와 같은 기본 과목은 예전과 같이 하고, 그 외의 학과 시간, 그러니까 체육시간엔 책상 운반에 동원하고, 미술시간엔 환경 미화, 음악시간에는 산에 가서 겨울에 땔나무를 확보하자는 겁니다."

"음악시간에 나무를 한다? 그게 음악과 무슨 상관이 있단 말이오?"

"어차피 교실에서 한다고 해도 구린내가 진동하는데 음악수업이 되겠습니까? 교재 없는 학생들도 태반입니다. 산에 오르면 심폐기능도 좋아지고 마음껏 노래하면서 나무를 한다면 아이들도 싫어하진 않을걸요?"

"이건, 도대체 어이가 없군요. 초등학교가 어떤 곳입니까? 국가교육기관이고, 그래서 무상교육기관이며, 어린아이들에게 꿈을 심어주는 터전입니다. 아무리 전쟁에서 황폐해졌다지만 교육계마저 원칙을 지키지 못하면 어떻게 되겠습니까?"

교무주임이 한심하다는 듯 혀를 껄껄 찼다. 네모메기 선생님이 잠시 생각을 더듬더니 천천히, 그러나 냉정을 잃지 않고 교무주임을 설득했다.

"원칙이란 독립된 개념이 아닙니다. 익숙해진 습관 같은 것입니다. 그렇게 해야 편한 게 원칙이란 말입니다. 지금 상황에 아이들을 그냥 놔두는 것이 편한 게 아닙니다. 학교가 아이들 꿈의 터전이 되어야 한다는 교무주임 선생님 말씀 백번 옳습니다. 학생들이 책상을 나르고, 나무를 하고, 쓰레기를 치우는 일이 그 애들의 꿈을 위한 일이 아니라면 제가 왜 이런 제안을 하겠습니까?"

네모메기 선생님의 말이 교장 선생님의 가슴에 와 닿는다.

새 건물을 지을 예산은 없다. 배당된 예산은 전혀 현실과 맞지 않는다. 어떻게 할 것인가?

그대로 둔다면 학생들의 교육환경은 몇 년이 가도 변하지 않을 것이다.

책상이 없는 교실, 누더기 마룻바닥, 교실엔 유리창이 없고, 운동장은 쓰레기 더미이다. 이것은 학교의 모습이 아니다.

깊은 생각에 잠겨 있던 교장 선생님이 드디어 고개를 들었다.

왼쪽 가슴에 단 쇳덩어리가 출렁거린다. 햇살이 비치자 쇳덩어리는 보이지 않고 가슴에 환한 섬광이 번득인다.

"탁견이오! 네모메기 선생님 말씀에 일리가 있어요. 학생들에게 불편한 학교라면 무슨 소용이 있겠소?

여러 선생님들!

우리 각자의 위치에서 앉은뱅이책상을 만들기 위해서!

깨어진 유리창을 끼우기 위해서!

깨끗한 운동장을 만들기 위해서!

최선을 다합시다!"

교장 선생님이 말씀을 끝내고 좌중을 빙 둘러본다.

"자, 자, 여러분! 우리 **나라**초등학교도 당장 학교 개선추진위원회를 구성합시다."

이리하여 **나라**초등학교 개선추진위원회의 당연직 위원장엔 교장 선생님이, 간사엔 교무주임이, 행동대장 격인 실행단장엔 네모메기 선생님이 뽑혔다.

삼국지로 말하면 교장 선생님은 유비, 교무주임은 제갈량, 네모메기 선생님은 용감무쌍하게 전장에 앞장선 관우나 장비가 된다.

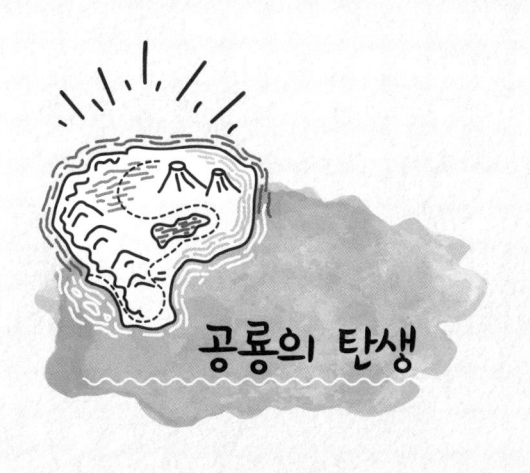

공룡의 탄생

어느 청명한 아침이었을 게다. 교장 선생님이 교무주임과 함께 교육위원회를 방문했다. 위원회장을 면담하기 위해서였다. 이때 교장 선생님은 평소 때와는 다른 옷을 입고 있었다. 바지저고리에 두루마기를 걸친 매우 평범한 옷이다. 물론, 훈장도 없이. 이 외출은 매우 특이한 외출이어서 여러 선생님들이 교장 선생님 일행을 배웅하기 위해 읍내 정거장까지 갔다. 이들의 표정은 각기 달랐지만, 교장 선생님이 무언가 새로운 소식을 가져올 거란 기대감만은 같았다.

차창 밖에서 여러 선생님들이 손을 흔드는 모습을 보면서 교장 선생님은 매우 흡족한 표정으로 중절모자를 벗어 답례했다. 그러나 재건계획이 담긴 가방을 들고 교장 선생님을 보좌하기 위해 같이 차에 오르는 교무주임의 얼굴엔 먹구름이 가득하다. 교장 선생님 혼자 가기로 했던 계획이 교장 선생님 부인의 조언에 따라 수정되었기 때문이다.

"어린 학생들은 우리 어른들의 꿈이지요. 좋은 환경을 만들어 주자는 데 반대할 이유가 없지요. 그런데……, 고집불통 할아범 같은 원칙을 어찌한다?"

교장 선생님 부인의 사촌 오라버니인 교육위원회장의 말은 그의 풍채처럼 너그러웠다. 너그러움이 지나치면 불씨를 숨겨 둔 잿더미 같다. 잿더미가 걷히면 그때서야 불씨가 살아 있음을 알게 된다.

출장에서 돌아와 출장을 복명하는 교무회의 석상에서 교장 선생님과 교무주임의 충돌이 생겼는데, 교장 선생님은 아내와 교육위원회장의 인간적 관계를 고려해 교육위원회장의 말 중에 반대할 이유가 없지요에 방점을 둔 반면, 교무주임은 경험을 바탕으로 원칙을 어찌한다?에 무게를 두니 업무처리의 방향이 어긋날 수밖에.

교무주임은 승인을 받지 않고는 어떤 계획도 추진할 수 없다는 입장을 견지한 반면, 교장 선생님은 예산전용 승인은 받은 거나 마찬가지이니 승인신청과 동시에 학교재건계획을 행동에 옮기자는 주장을 폈다.

교무회의는 갑론을박 끝에 민주주의 원칙을 지켰다. 만약 교무회의가 다수결의 원칙에 따라 이 문제를 처리하지 않았다면 두 사람의 고집 때문에 아무것도 결정하지 못했을 것이다. 교무회의는 찬반토론 없이 거수로 의결한 결과 6:1이란 압도적인 차이로 교장 선생님의 의견을 지지, 학교재건계획을 행동에 옮기기로 했다.

이 과정을 보면 자연은 조화의 산물이고 인간의 운명은 선택에 의존한다. 소통이란 선택을 합리화하고 운명적으로 꾸미기 위한 장치이다.

나라초등학교 선생님들이 다수결 원칙에 따라 학교재건계획의 첫 번째 수행과제가 선정되었다. 앉은뱅이책상의 주문이다. 교장 선생님은 다수결 원칙이 아닌 경험에 입각하여 앉은뱅이책상을 학교에서 10리 정도 떨어진 개울 건너 난두머리에 사는 대목, 털보 할아버지에게 주문했다. 생강나무가 많은 마을이다. 털보 할아버지는 전쟁 때 쓰러진 문화재도 제 모습으로 복원한 명장인데 교장 선생님의 간청에 마지못해 앉은뱅이책상을 만들기로 했다는 소문이다.

난두머리 산자락에 생강나무가 노랗게 물들 무렵 털보 할아버지의 앞마당에 아름드리 통나무들이 쌓이기 시작했다. 이 나무들이 마르면 톱으로 켜서 판자로 만들고 다듬어져 털보 할아버지와 조수들의 손끝에서 앉은뱅이책상이 만들어질 것이다.

나라초등학교는 예산이 턱없이 모자랐기 때문에 우선 4학년 이상의 앉은뱅이책상만 주문했다. 저학년은 고학년에 비해 상대적으로 교실 수업이 적었기 때문이다.

나라초등학교도 변한 게 많다. 정문 앞에 두 줄로 늘어선 플라타너스의 잎새에 물이 오른 것처럼 수업시간도 단연 활기를 띄었다.

음악시간이 되면 학급 아이들이 올망졸망 학교 뒷산으로 오르는 모습이 보인다. 아이들이 해묵은 솔잎을 긁고, 젖은 나뭇가지들을 양지바른 곳에 모아 놓으며 절로 부르는 노래가 온 교정에 메아리친다.

체육시간엔 훗날 난두머리에서 만든 앉은뱅이책상을 나르기 위한 체력단련으로 운동장에 널린 사금파리, 구부러진 못을 줍는 한편, 쓰레기 더미를 정리한다. 아이들이 구멍 난 교실바닥을 메우거나 거무스름해진 벽을 청소하면 미술시간이다.

교장 선생님은 바뀐 수업시간에 아이들이 불평할까봐 적이 걱정했으나 불평은커녕 더욱 재미있어 하는 모습을 보고 흡족해했다. 이 점에 있어서는 여러 선생님들도 마찬가지였다.

여기는 4학년 교실. 이 교실의 아이들은 이름 대신 공룡의 이름으로 불린다.

그것은 서울에서 전학 온 한 아이로부터 비롯되었다. 특이한 아이는 아니었다. 공부를 잘하지도 못했고 힘이 세어서 반을 휘어잡지도 못하는, 마른 체격에 어딘가 아파 보이는 피부가 하얀 아이였다.

그러나 반 아이들은 시골 아이들과는 달리 팔뚝이 가늘고 피부가 하얗다는 것만으로도 그 애가 무엇인가 특별한 것을 가지고 있다고 추측했다. 그 후 아이들은 서울에서 온 아이가 저희들과 무엇이 다른가를 살피기 시작했다.

그러던 중 그 애가 공룡에 관심이 많고 공룡사전을 가지고 있다는 것을 알게 되었고, 자신도 모르게 서서히 공룡세계에 빠져 이름 대신 공룡이름으로 그 애가 붙여준 별명을 가지게 된 것이다. 아이들은 자기 이름보다 공룡의 이름으로 불리는 것을 훨씬 자랑스럽게 생각했다.

지진도마뱀(Seismosaurus)

몸무게가 100톤에 이르는 거대한 공룡이다. **나라초**등학교에서 가장 몸집이 크고 나이가 많은데 학교를 늦게 들어가서 4학년이다. 난두머리 털보 할아버지 조수의 아들이다.

고대의날개(Archaeopteryx)

새의 조상으로 알려진 공룡. 이빨이 날카롭다. 읍내 미장원집 딸로 키가 크고 예쁘지만 공부는 못 한다. 말이 많아 때로는 친구가 적이 된다. 이 아이에게 비밀을 이야기하면 비밀이 곧 날개를 편다.

새벽의 약탈자(Eoraptor)

트라이아스 후기에 활동했던 공룡. 성질이
사납고 두개골이 작다. 서울에서 전학 온 아
이가 자신에게 붙인 별명이다. 성질이 전혀 사나워
보이지 않는 아이인데 왜 새벽의약탈자가 되었는지
의문이다. 이 아이가 서울에서 전쟁에 폐허가 된 시골학교로 전학 온
이유를 알고 있는 아이들이 아무도 없다. 하긴, 알 수 없는 것처럼 무
서운 것도 없다.

원시거북(Archelon)

튼튼한 지느러미에 새의 부리 같은 입을 가
졌다. 잡화점집 딸로 공처럼 둥글고 키가 작다.
눈치가 없고 행동이 느리다. 마음씨가 착해서 친구가 많
다. 술래잡기를 하면 늘 술래가 된다.

폭군도마뱀(Tyrannosaurus)

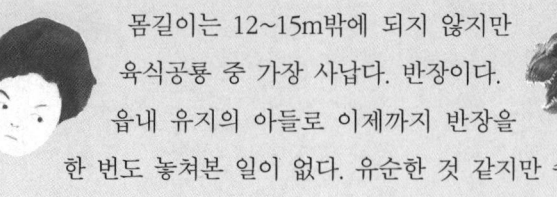

몸길이는 12~15m밖에 되지 않지만
육식공룡 중 가장 사납다. 반장이다.
읍내 유지의 아들로 이제까지 반장을
한 번도 놓쳐본 일이 없다. 유순한 것 같지만 승
부욕이 강하다.

38

나머지 아이들도 새벽의약탈자가 각각에 맞는 공룡의 이름을 붙여줬지만 생략한다. 영화의 엑스트라 같은 존재들이기 때문에……

2교시가 끝나고 네모메기 선생님이 교실을 나서자 아이들이 벌집을 나서는 벌떼처럼 웅웅거리며 교실 밖으로 뛰어나간다.

3교시는 체육시간이다.

교실에는 새벽의약탈자, 두개의기둥과 고대의날개가 남았다. 시원한 바람이 빈 창틀로 물밀 듯이 몰려온다. 교실은 밝은 듯 어둡다. 새벽의약탈자가 가방을 열고 물병을 꺼내 주둥이를 연 다음 호주머니에서 건빵 세 개를 꺼내 물병 속에 담근다. 물병 속에 둥둥 뜨는 건빵들.

두개의기둥이 튀어나온 배를 우그리고 앉아 새벽의약탈자의 행동을 흥미 있게 바라본다.

"새벽의약탈자, 지금 뭐하는 거니?"

고대의날개가 묻는다.

"음, 간식을 먹으려고……."

"나도 건빵을 좋아하지만 너처럼 물에 담가 먹는 아이는 처음이야."

"그래?"

"서울에선 다 너처럼 먹니?"

"그렇고말고."

"와! 신기하다. 맛이 없을 텐데 왜 그렇게 먹는 거니?"

"너는 밥을 먹을 때 생쌀을 그냥 먹니?"

새벽의약탈자가 고대의날개의 질문을 받고 두개의기둥에게 묻는다.

"우리 읍내에 생쌀을 그냥 먹는 사람은 없어. 모두 밥을 지어 먹지."

"그럴 테지. 밥을 지으면 생쌀이 어떻게 변하니?"

"생쌀보다 커져."

"내가 건빵을 물에 담가 먹는 것도 같은 이치야. 맛있다고 건 빵을 많이 먹으면 뱃속에서 불어 배가 터질지도 모르잖니?"

"서울 애들은 참 영리하구나. 나도 건빵을 먹을 땐 너처럼 먹 을 테야."

새벽의약탈자가 물에 분 건빵을 먹은 다음 운동장으로 나가 자 두개의기둥이 졸래졸래 그의 뒤를 따라간다. 이제 교실엔 풀 지 못하는 숙제를 가지고 있는 듯 고민에 싸여 있는 고대의날 개만 남아 있다.

'건빵을 물에 불려 먹는다고? 그래야 먹는 양을 가늠할 수 있

단 말이지. 역시 서울 애들은 현명해!'

머지않아 서울 아이들은 모두 건빵을 물에 불려 먹는다는 소문이 **나라**초등학교에 퍼질 게 분명하다.

체육시간. 네모메기 선생님이 운동장 가에 있는 늙은 플라타너스 기둥에 등을 받치고 앉아 책을 읽고 있다. 그는 가끔씩 곁눈으로 운동장을 훑는다. 운동장을 어슬렁거리며 사금파리와 구부러진 못, 깨어진 유리조각을 줍는 아이들이 어른거린다. 운 좋게 유리구슬이나 동전을 줍고 기뻐서 춤추는 아이들도 보인다.

네모메기 선생님의 시야에서 벗어난 쓰레기 더미 뒤에 한 무더기의 아이들이 새벽의약탈자를 중심으로 둘러서 있다. 새벽의약탈자는 자신을 둘러싼 아이들에게 무언가 시범을 보이고 있다. 기마자세를 하고 앞으로 가며 발을 바꿀 때마다 발을 세 바퀴씩 돌리는 모습이 자못 진지하다. 두개의기둥이 흉내를 내보지만 제 무게를 견디지 못하고 비틀거리며 넘어진다.

"쉬운 일이 아니군. 이게 서울에서 유행한다는 싸움의 기술이란 말이지?"

"그렇다니까!"

새벽의약탈자가 보이고 있는 시범은 어떤 운동에도 없는 동작이다. 어떤 때는 어설픈 춤꾼의 손짓 같고 어떤 동작은 거미줄에 웅크리고 있는 거미를 연상시킨다.

운동에는 형식이 필요하다지만 싸움에 무슨 절차가 필요하담!

그러나 어쩌랴, 서울을 한 번도 가보지 않은 아이들에게 서울에서 유행하는 싸움의 기술이라고 하니 배워보고 싶은 욕심이 앞서는 것을.

욕심에는 논리가 없는 법이다.

"저 웃기는 동작 좀 보라지. 싸움에 무슨 기술이 필요하담!"

지진도마뱀이 뒤쪽에서 목을 길게 빼고 시비를 걸어보지만 아이들의 귀엔 들리지 않는다. 아이들은 땡글땡글한 눈동자에 심지를 더욱 북돋을 뿐이다.

"지진도마뱀, 네가 안 믿는다면 어쩔 수 없지. 그러나 언젠간 너도 배워야 할걸. 이곳에서도 곧 유행할 테니까!"

이때 폭군도마뱀이 새벽의약탈자의 자세를 면밀히 관찰하다가 새벽의약탈자에게 묻는다.

"서울에서 유행한다면 그럴 만한 이유가 있을 거야. 그 이유를 말해봐."

"그건 나도 몰라. 나도 형들이 하는 걸 따라 했을 뿐이니까."

"내 생각에 싸움의 기술은 상대방을 어지럽게 만드는 수법 같은데……. 발을 왜 돌리는지 알 수 없지만 상대방은 어지럽겠어."

"그럴지도 모르지. 어쨌든 나는 배우기 싫은 아이들까지 가르쳐주기는 싫어!"

새벽의약탈자가 의기양양하게 말한 다음 두 아이를 마주 보고 서게 하고 쓰레기 더미에 있는 긴 막대기를 가져와 두 아이의 어깨에 걸쳤다.

"자, 내가 시범을 보여볼게."

새벽의약탈자가 막대기를 꼬나보며 숨을 몰아쉰다. 그리고 오른 발을 세 바퀴, 왼발을 세 바퀴 돌리더니 매서운 기합과 함께 막대 기를 걷어차자 막대기가 두 동강으로 갈라졌다. 이어지는 함성!

"와, 대단하다!"

"신기해! 발을 세 번 돌렸을 뿐인데 나무가 부러지다니."

이 모습을 본 폭군도마뱀이 해볼 셈으로 쓰레기 더미를 헤집 는데, 네모메기 선생님이 집합을 알리는 호루라기를 불었다.

그날 이후, **나라**초등학교에는 참으로 기묘한 일이 벌어지기 시작한다. 고대의날개를 비롯해 건빵을 물에 불려 먹는 아이들 이 생기고, 수업이 끝난 후 4학년 남자 아이들이 운동장 구석에 서 진풍경을 연출한 것이다.

처음에는 몇몇 아이들이 새벽의약탈자의 시범에 따라 싸움의 기술을 연마했으나 일주일이 지나자 십여 명으로 늘었고 이주 일이 지나니 4학년 남자 아이들이 거의 다 가세했다.

그러던 어느 날, 땅거미가 지고 있을 무렵, 주번을 하던 네모메 기 선생님이 학교시설을 점검하고 퇴근을 위해 운동장으로 나서 면서 자기반 아이들이 싸움의 기술을 연마하는 모습을 보게 된다.

새벽의약탈자가 맨 앞에서 기마자세를 하고 왼발과 오른발 을 교차하며 각 발을 세 바퀴씩 돌린 다음 앞으로 내지르며 앞 서가면 그 뒤를 따라 수십 명이 '으야! 으야!' 구령에 맞춰 뒤따 라간다. 길게 늘어진 그림자까지 합치면 한 떼의 공룡들이 먹을 것을 찾아 울창한 숲으로 이동하는 모습을 방불한다.

'흠, 저게 뭘까?'

폭군도마뱀, 두개의기둥을 위시하여 4학년 아이들이 거의 다 새벽의약탈자의 뒤를 따른다. 저 아이들이 하고 있는 행동이 뭐지? 운동도 아니고 춤도 아니다. 어쨌든 매우 특이하고 이상한 행동인 것만은 분명하다. 좀 웃기기는 하지만 보기는 좋다. 혼자 저랬다면 영 어색한 행동이었을 텐데 여럿이 하니 그럴싸하게 보인다.

네모메기 선생님이 제자리에 서서 아이들처럼 흉내를 내보지만 몸과 마음이 따라주지 않는다. 나이 탓이리라. 재미있는 녀석들이다. 방과 후에 학생 홀로 저런 짓을 한다면 무슨 짓인지 알아봐야 하겠지만 단체로 한다면 걱정할 게 없다. 네모메기 선생님은 싸움의 기술을 연마하는 아이들의 앞을 지나면서 싱끗 윙크를 보낸 다음 잰걸음으로 정문을 향한다.

아마도 네모메기 선생님은 이렇게 생각하였을 게다. '녀석들이 무리지어 가는 모습이 꼭 공룡 떼 같군. 떼 지어 가는 공룡들이 아름다워 보이는 것은 앞선 놈을 따라 무의식적으로 발을 내딛는 뒷무리들의 일치된 관성 때문이다. 공룡들이 그렇게 태어나고, 또 그렇게 죽었는지는 모르지만.'

룰을 지배하는 자

나라초등학교에 여름방학이 왔다. 학교에는 이상理想이 있고 가정에는 현실現實이 있다는 말이 있다. 이 말대로라면 나라초등학교 학생들은 방학 동안 이상이 아닌 현실을 직면하게 된다.

지진도마뱀의 현실은 난두머리 골짜기에서 통나무를 나르고 아버지의 연장 심부름을 하는 것이다. 원시거북과 고대의날개는 방학이 끝날 때까지 콩나물을 다듬고 점방을 돌봐야 할지도 모른다. 비록 부잣집 아이라곤 하지만 두개의기둥도 방학 동안 내내 놀 형편은 아니다. 때로는 술밥을 말린다든지, 제 키보다 큰 술통을 닦는다든지 해야 한다.

그러나 현실이 미래에 있다면 그 현실은 이상과 전혀 다를 게 없다.

마지막 수업이 끝나고 저마다 받은 방학책을 책보에 넣으면

서 아이들은 방학책의 두께가 얇다는 게 자못 기쁜가 보다.

"방학책이 20페이지도 안 돼!"

"방학 내내 이것만 풀면 된단 말이지. 이거야말로 누워서 떡 먹기지!"

"우선 멋지게 놀고 보는 거야."

수업이 끝나자마자 아이들이 책보를 둘러메고 우르르 운동장으로 뛰어나갔지만 집으로 곧장 가는 아이들은 별로 없다.

여자 아이들은 여자 아이들대로 큰 나무 그늘에 모여 공기놀이, 고무줄놀이가 한창이다. 원시거북과 고대의날개는 땅에 네모 칸과 세모 칸, 반 원을 그려놓고 하늘짚기놀이를 하고 있다.

4학년 남자 아이들은 운동장 가에서 싸움의 기술 중 대련의 룰에 대한 설명을 새벽의약탈자부터 듣고 있다. 대련은 아이들이 싸움의 기술에 대한 흥미가 잦아들자 이를 되돌리기 위해 새벽의약탈자가 야심차게 내놓은 싸움의 기술 2단계이다.

일단의 아이들이 새벽의약탈자를 중심으로 빙 둘러싸고, 그 안에서 새벽의약탈자가 사금파리로 땅에 직사각형을 만들고 한가운데에 경계선을 긋는다. 이 모양은 한자의 일日 자와 같다.

"대련은 두 사람이 붙는 거야. 한 사람은 이 칸에, 다른 사람은 저 칸에 서지. 금을 침범해서 공격해도 반칙이고 금 밖으로 도망해도 반칙이야."

아이들이 고개를 끄덕인다. 매우 쉬운 규칙이다. 이런 규칙을 누가 모를까. 아이들은 일日 자 모양의 대련장과 새벽의약탈자를 힐끔거리며 마치 자기가 대련에 나선 듯 한쪽 다리를 빙글 빙글 돌려본다.

맨 앞에 서 있던 폭군도마뱀이 일ㅂ자 모형을 이리 보고 저리 보며 생각에 잠겨 있다. 땅에 그린 일ㅂ자가 너무 크면 대련이 성립되지 않고, 너무 작으면 대련은 고사하고 싸움의 기술도 필요 없는 진흙탕 싸움으로 변한다.

싸움의 기술을 위해 만든 룰이 싸움의 기술을 무용지물로 만들 수도 있다니, 웃기는 일이 아닌가!

"이건 좀 이상한 것 같은데, 일ㅂ자를 크게 그리면 대련이 있으나마나고 일ㅂ자를 작게 그리면 싸움의 기술이 필요 없게 되잖니?"

"그래서 심판이 중요한 거야."

"서울에선 누가 대련장을 그리니?"

"도장의 사범."

"심판은?"

"그것도 사범이 해."

"우리 읍내엔 사범이 없잖니?"

"그래서 내가 하는 거야."

"그런 엉터리가 어디 있니? 내가 알기로 너도 고수가 아닌 듯한데, 선수도 아닌 네가 심판을 본다고?"

"네가 잘 모르는 모양인데, 서울에선 흔한 일이야. 축구 감독이 선수들보다 공을 잘 찰 것 같지만 훨씬 못 찬단다. 이 점은 이해가 되니?"

"몰라."

"아마, 축구의 룰을 만든 사람은 축구 감독보다 축구를 모르는 사람일지도 몰라. 그래서 '선무당이 사람 잡는다.'는 속담이 나온 거란다."

"그건 좋은 말 같지 않은데. 그 말이 무슨 뜻이야?"

두 아이의 대화를 듣고 있던 두개의기둥이 끼어든다.

"룰을 지키지 않으면 선무당이 된다는 뜻이야. 룰을 누가 만들었건 지키는 것이 중요해."

"나는 그런 속담 처음 들어봐. 속담이란 대개 좋은 뜻이었는데……."

"그래? 네가 아는 속담이 뭐가 있는데?"

"'될성부른 나무 떡잎부터 알아본다.'"

"'세 살 버릇 여든 간다.'는 속담도 있어. 네 말대로라면 이 속담의 뜻도 좋은 의미겠네."

"글쎄, 좋은 것도 아니고 나쁜 것도 아닌 것 같기도 한데……."

"그것 봐. 속담이란 항상 좋은 것만 있는 게 아냐!"

"'세 살 버릇 여든 간다.'는 속담의 뜻은 뭐니?"

"세 살박이 어린애나 여든 된 할아버지나 똑같이 알 수 있는 게 속담이 된다는 뜻이야. 룰도 그런 거야. 너희들이 믿으면 룰이 되고 믿지 않으면 룰이 되지 않는 거야. 자, 어떻게 할래? 너희들이 둘 중 하나를 택하렴!"

새벽의약탈자가 으름장을 놓자 대련장을 둘러싸고 있던 아이들이 살며시 고개를 숙인다. 의심은 가지만 그렇다고 해서 서울에서 유행한다는 싸움의 기술을 배우지 않겠다는 뜻은 아니다.

"자, 대련장을 그렸으니 두개의기둥과 내가 자세한 설명과 함께 시범을 보일게. 두개의기둥, 나와!"

갑자기 새벽의약탈자의 대련 상대로 지목받자 두개의기둥은 얼굴이 불콰해지고 눈이 휘둥그레졌다.

"나는 아무것도 모르는데……."

"정식 대련을 하는 게 아냐. 내가 설명을 하면서 시범을 보이는 거니까, 무서워할 것 없어."

새벽의약탈자가 두개의기둥 중 한 기둥을 잡아당기니 두개의기둥은 마지못해 어기적거리며 새벽의약탈자가 들어가 있는 네모 칸의 반대 칸으로 들어갔다.

당황스럽기는 폭군도마뱀도 마찬가지이다. 속담의 뜻이 서울과 읍내가 이렇게 다를 수 있을까? 서울을 모르니, 속단은 금물이다.

우선, 아는 것은 아는 바구니에, 모르는 것은 모르는 바구니에 넣어두자. 섞이면 괴물이 나올 테니까. 그리고 천천히 지켜보자.

그날 밤 읍내 한성식당에서 두개의기둥 아버지인 양조장 주인과 읍내 똥장군 전ㅍㅍ씨, **나라**초등학교 교무주임이 만났다. 한 성식당은 읍내 북쪽 어둔골 치맛자락에 있는 한적한 식당이다.

양조장 주인이 늦게 온 교무주임을 마중해 방으로 안내했다. 교무주임과 양조장 주인이 앉자 방구석에 뻘쭘히 서 있던 전씨도 구석자리에 앉았다. 전씨를 보는 교무주임의 시선이 사선이다.

"에~ 또, 이 사람은 제 육촌 동생인데, 우리 읍내에선 이름보다 장군으로 통합니다."

땅딸막한 양조장 주인이 곁눈으로 전씨를 보며 교무주임에게 전씨를 소개했다. 전씨는 떡 벌어진 체구에 짧은 머리를 하고 있는데, 큰 눈을 슴벅이며 허리를 굽혀 교무주임에게 인사를 건넨다. 교무주임은 전씨의 체구에 압도된 느낌이다.

"장군이라면 군대의……."

"아, 그게 아니고…… 이 사람은 우리 읍내에서 고물상을 하며 똥장군을 지는 사람인데, 읍내의 청소꾼입죠."

"넝마와 고철을 취급하면서 변소 청소도 합죠."

전씨가 허리를 굽실거리며 양조장 주인의 설명을 돕는다.

"아~, 예."

빈 상에 음식이 채워지고 몇 순배 잔이 돌아갔다. 세 사람의 낯이 불콰하다.

"요즈음 우리 아이한테 들은 바에 의하면 학교 변소에 똥, 오줌이 넘쳐나서 큰일이라지요?"

"그게 연초에 교육위원회 입찰에서 지정된 업체가 치워야 하는데, 진즉 작업지시서를 보냈지만 학생 수가 적고 인분량이 적으니까 작업을 기피해서 이런 일이 벌어지고 있는 것이랍니다."

"허허, 참 못된 사람들이로고. 아무리 돈이 중요하다지만 신성한 학교가 구린내로 진동해서야 ……, 쯧쯧."

"하루가 멀다 하고 지정업체에 호소합니다만 작업순서가 안 돼서 아직 더 기다려야 한다는 말뿐이니 참 답답한 심정입니다. 여름방학 동안에는 해결이 되어야 하는데."

"쓰레기 더미도 장난이 아니라던데?"

"그게 글쎄, 학교가 제 모양이 아니라서 벽이 무너지고 상량목이 쓰레기 더미에 널려 있으니……."

"그것도 교육위원회 지정업체가 하는 겁니까?"

"그렇습니다만."

"슬픈 현실이오. **나라**초등학교는 우리 읍내 초등학교가 분명한데, 읍내 사람들이 할 수 있는 게 아무것도 없소!"

양조장 주인의 한탄에 교무주임의 표정이 무겁다. 음식을 앞에 놓고 똥, 오줌과 쓰레기 얘기가 중심을 이루니 아무 죄 없는 전 장군도 전전긍긍이다.

"내가 명색이 학교 기성회 회장인데 손 놓고 있을 수도 없고……. 무슨 수를 써야 하지 않겠어요?"

"사정으로 봐선 급한 일인데……."

"그래서 내가 동생을 불렀습니다만."

"……?"

전 장군을 바라보는 교무주임의 이마에 의문부호가 걸리고, 그걸 보고 있는 전 장군의 자세는 점점 낮아진다.

"무슨 말씀이신지?"

"전 장군으로 하여금 학교에 넘쳐나는 똥, 오줌과 산더미처럼 쌓인 쓰레기를 정리하자는 거지요."

"혹시 교육위원회 지정업체이신지?"

"아닙니다. 저는 이제까지 읍내 밖을 나가보지 않아서 지정업체라는 게 뭔지 모릅니다."

전 장군이 손사래를 친다.

"우리 **나라**초등학교는 교육위원회의 하부기관이고, 교육위원회의 규칙을 따르는 곳입니다. 지금이라도 교육위원회의 지정업체에 등록하시죠. 그러면 어떤 방법이 생길지도……."

"아이고 선생님! 똥통에 똥이 넘쳐 난리인데 어느 세월에 등록을 한답니까? 지금은 그럴 상황이 아닌 듯 하오만."

양조장 주인이 끼어들어와 전 장군을 보며 동의를 구한다.

"그렇지?"

"그렇습죠."

"우리 하급 공무원에겐 권한이 없어서…… 지시를 따를 수밖에."

"우리 전 장군 이야기를 들어보니 똥장군을 지는데도 요령이 있더구먼요. 똥장군에 똥이 가득 차야 지게 지기가 쉽다는 거요. 돈을 더 벌려고 꾀를 내어 똥장군을 덜 채우면 똥물이 출렁거려 지게가 뒤뚱거리는 바람에 몇 발짝 못 가서 넘어진다는군요.

일에는 때가 있는 법, 똥통에 똥이 가득한데 빨리 치워야지 규정이나 상부기관을 탓할 일이 아니지요. 쓰레기도 마찬가지일 겁니다. 쓰레기 더미가 점점 커지면 그 안에 있는 고철, 재활용 용품도 쌓여 이러지도 저러지도 못하는 상황이 올 수도 있어요."

"그렇습니다. 기준이 바뀌면 계약방법도 바뀝니다."

"제 말이 그 말입니다. **나라**초등학교의 쓰레기는 일반 쓰레기와 달라요. 재활용할 만한 철구류, 목재가 많단 말이지. 여기서 더 방치하면 특별법에 의해 수의계약을 할 수 있는 원호단체, 복지재단 등에서 기웃거릴 테고, 그렇게 되면 쓰레기 더미가 골칫덩어리로 변할 텐데……."

"말씀을 듣고 보니 걱정이 더 되는군요."

교무주임의 얼굴에 수심이 가득하다. 전 장군은 무슨 말을 하고 싶으나 두 사람의 눈치만 살핀다. 양조장 주인이 보쌈 한 젓가락을 입에 넣고 우걱우걱 씹으면서 말을 잇는다.

"제 생각엔 이 문제를 우리 전 장군으로 하여금 처리하도록 하면 어떨지?"

"어떻게 하겠다는 말씀인지?"

"전 장군이 분뇨수거비를 받지 않는 대신 쓰레기를 말끔히 치워주는 거요. 쓰레기 더미에서 나온 재활용품을 팔아 똥값을 대신 받는 거지."

"……."

"교무주임님, 제가 무슨 잇속이 있어서 그러는 게 아닙니다.

제가 똥지게를 지는 사람입니다만 저에게 나는 똥냄새보다 **나라**초등학교 학생들에게 나는 구린내가 더 심해서, 이래서는 안 되겠다 싶어 형님에게 제안하게 되었습죠."

전 장군이 양조장 주인을 거들었다.

"이것은 말이죠. 누이 좋고 매부 좋은 거지요. 안 그렇습니까?"

"그럴듯 합니다만, 교육위원회에서 어떻게 생각할지……."

"제가 기성회장으로서 생각컨대 지금 **나라**초등학교의 급선무는 하루 빨리 교육환경을 원상회복하는 겁니다. 지금 규정 따지고 자시고 할 상황이 아닙니다. 기성회장을 오래 해서 교육위원회에는 저도 아는 사람이 많아요. 일정 부분은 저도 역할을 할 테니 제 제안대로 합시다. 어떻게 하시겠습니까?"

양조장 주인은 자못 진지하다.

"참 좋은 제안인데 왠지 뒤가 켕겨서……."

"이봐 동생, 자네 생각은 어떤가?"

"형님 생각이 지당하십니다. 뒤가 켕기면 반드시 똥을 싸지요."

"흠, 정직한 대답이야. 자, 교무주임님 들으셨죠. 전 장군이 똑똑하진 않지만 거짓이 없는 사람입니다. 학생들 똥 치워서 돈 벌 사람이 아니외다. 일전에 교장 선생님도 뵙고 의견을 나눴는데 선뜻 찬성하는 눈치더구면. 어때요? 그렇게 하시는 거지요?"

"학교를 위해서라면 그렇게 해야 하는데, 규정이 원체 까다로워서……."

"보아 하니 규정이라는 게 교육위원회를 위해 있는 것 같아요. 그건 규정이 아니라 횡포지요. 그런 횡포 때문에 **나라**초등학교에 똥물이 흐르게 놔둘 수는 없소! 자, 그러면 그리하는 걸로 알고, 우리 다 같이 한잔 합시다. 브라보!"

술잔을 받는 교무주임의 손이 떨린다. 교무주임 생각에 양조장 주인이며 기성회장의 말이 틀린 말이 아니다. 전 장군도 누구를 속일 인물로는 보이지 않는다.

내 집의 똥통이 넘치고 마당이 온통 쓰레기 더미로 변하는데 그냥 보고 있을 주인은 없다. 학교를 위한 일인데 교육위원회인들 어쩌겠는가.

우선 치우고 보자!

결합에는 오류가 있다

읍내에는 두 개의 언덕이 있다. 한성식당 뒤로 잡목이 우거진 비탈 숲을 오르면 평평한 언덕이 나온다. 골짜기를 타고 내려오는 바람이 늘 차고 오후가 되면 산 그림자가 마을을 어둡게 드리운다. 어둔골이다. 겨울은 춥고 여름은 음습하다.

언덕 아래 마을에는 한성식당 이외에도 주막이 많다. 밤이 되면 술에 취해 길모퉁이에 웅크리고 앉아 있거나 갈지之자로 걷는 어른들의 모습이 자주 보인다. 쉽게 말하면, 어둔골은 읍내 어른들의 사랑방 같은 곳이다.

어둔골 뒷산은 두 개의 산이 등을 마주 대고 서 있다. 어둔골 쪽 산의 정수리가 높다. 이 정수리를 넘어 마주 보는 산의 엉덩이쯤에 작은 언덕이 있고 교회가 있다. 두 산이 다리를 벌리고 있는 형상이라면, 어둔골은 사타구니에 해당된다. 교회의 언덕까지 치면 읍내엔 세 개의 언덕이 있는 셈이다.

어둔골에서 정수리를 넘어 교회로 가는 길은 없다. 어둔골 신자들도 교회를 가려면 신작로로 나와 우회하여야 한다. 어둔골에는 뒷산 정수리를 넘어 교회로 가는 직선 길을 트겠다고 무모하게 도전했다가 정신을 잃은 한 주정뱅이의 이야기가 전해진다.

어느 해인가 삭풍이 드센 겨울. 한 나무꾼이 어둔골 숲에서 나무를 하고 돌아오는 길에 날맹이 초입에 주정꾼이 쓰러져 있는 것을 발견했다. 나무꾼은 무거운 짐을 지고 있었지만 주정꾼이 동사할까봐 부축해 어둔골로 내려오는데, 주정꾼은 흐트러진 동공을 정수리 쪽에 묶어둔 채 손사래를 치며 계속 같은 말을 되뇌이더란다.

"날 내버려두었으면 좋으련만……. 음냐 음냐. 짐이 무거워 오늘은 실패했지만, 언젠가는 반드시 이 길을 찾고 말 테야!"

그런데 사실, 주정뱅이에게는 아무런 짐이 없었다.

어둔골 남쪽에도 야트막한 언덕이 있다. 이 언덕은 이웃 읍내에서 읍내를 관통하여 서울로 가는 신작로 초입에 있다. 언덕에 상수리나무가 많고 그 뒤쪽으로 넉넉한 자락이 평퍼짐히 누워 공동묘지에 이른다. 바람이 포근하고 햇살이 넉넉한 곳이다. 아이들은 이곳을 폭군도마뱀 언덕이라고 부른다. 읍내 유지인 폭군도마뱀 아버지가 이곳에 어린이 놀이터를 만들어 읍내에 헌납했기 때문이다.

방학이 되자 폭군도마뱀 언덕은 싸움의 기술 도장으로 변해 이른 아침부터 읍내 남자 아이들로 북적대었다. 싸움의 기술을 연마하는 모임의 핵심은 새벽의약탈자, 폭군도마뱀, 두개의기둥이다.

고대의날개, 원시거북이 방학숙제를 위해 방아깨비, 풀무치, 풍뎅이를 잡으러 오는 경우도 있지만 폭군도마뱀 언덕엔 온종일 싸움의 기술을 연마하는 남자 아이들의 기합소리가 떠나지 않았다.

폭군도마뱀 언덕이 읍내 아이들의 밥과 같다면 공동묘지는 반찬 같은 곳. 아이들은 싸움의 기술이 힘들라치면 공동묘지를 배회한다. 훈풍과 양지 바른 곳에 무리지어 핀 할미꽃이 아이들을 포근하게 하기 때문인 듯.

어느 날, 할미꽃을 처음 보는 새벽의약탈자가 할미꽃에 대해 누구에겐가 물었다. 폭군도마뱀과 두개의기둥이 답변했지만 누가 어떤 대답을 했는지는 확실치 않다.

한 아이의 답변인 즉, 나이 든 할머니가 할아버지의 묘를 찾아가다가 힘이 부쳐 쉰 곳마다 핀 꽃이 할미꽃이라 하고, 다른 아이는 할머니가 생전에 열다섯 가지의 옛 이야기를 해주셨는데 정작 할머니의 무덤까지 가는 길에 열다섯 무리의 할미꽃이 피었더란다.

어느 것을 택하든 새벽의약탈자에겐 동화 같은 이야기이다. 동화에는 현실을 중화中化시키는 작용이 있다. 하기는, 곁가지

를 빼고 나면 요람에서 무덤까지 어느 것 하나 동화 같지 않은
게 없다.

그런데 참 이상한 일이다.

공동묘지란 과거가 모여 있는 곳이고, 주검이 쌓여 있는 곳이
다. 과거로부터, 죽음으로부터 멀리 떨어져 있는 아이들이 이곳
을 무서워하지 않는 까닭은 무엇일까? 정작 죽음에 가까이 있
어야 할 어른들이 죽음으로부터 멀리 떨어져 있으려 하는 까닭
은 무엇일까?

개학 열흘을 앞두고 폭군도마뱀과 두개의기둥이 읍내 대장간
조수를 찾았다. 대장간 조수는 읍내 병정부대의 대장이다. 두
아이는 병정놀이에 입회하여 그동안 익혀온 싸움의 기술을 실
전에 써 보기 위해 대장을 찾은 것이다.

장날이 아니면 대장간은 한산하다. 조수가 주인 없는 대장간
에서 모루 위에 있는 쇳덩이에 메질을 하고 있다. 조수와 주인
의 다른 점은 주인은 바른손으로 메질을 하고 조수는 왼손으로
메질을 한다는 점이다. 주인의 나이는 알 수 없지만 조수는 열
일곱 살이다.

조수가 하던 일을 멈추고 팔짱을 낀 채 두 아이들을 바라본
다. 두 아이들도 조수의 불끈 솟은 알통에 시선이 멈춰 있다.

"가만, 너는 읍내의 유지 아들 같은데?"

"예, 폭군도마뱀입니다."

"너는 양조장집 아들이고?"

"내 이름은 두개의기둥!"

"너희들이 대장간에 무슨 볼 일이 있느냐?"

"우리들은 읍내 병정부대에 들어가고 싶어 대장을 만나러 온 겁니다."

폭군도마뱀이 두개의기둥과 어깨동무를 하며 대답했다.

"너희들, 몇 학년이냐?"

"4학년요."

"음, 4학년이라……. 왜 부대에 가담하고 싶은 거지?"

"우리들은 서울에서 유행하는 싸움의 기술을 배우고 있어요. 이제 대련도 하는 걸요. 싸움의 기술로 우리 읍내를 지키고 싶어요."

"갸륵한 생각이구나. 내가 대장이다만, 병정놀이를 만든 사람은 참모장이란다. 읍내 중국집 아들."

"대장이 가장 높은 것 아닌가요? 대장님이 우리를 받아주세요!"

"신입병의 입회와 계급은 참모회의에서 결정한단다."

"그렇다면 대장이 왜 필요한 거죠?"

"그것까지 설명할 필요는 없고, 오늘 저녁에 참모본부에 와 보거라. 내가 너희들을 추천하마!"

그날 저녁, 개울가 둔치에서 참모회의가 열렸다. 대장은 이 회의에 폭군도마뱀과 두개의기둥을 참석시켰다. 참모회의에서 두 아이들을 면접한 다음 폭군도마뱀에게는 감찰부 헌병 중사를, 두개의기둥에게는 병참부 중사 계급장을 달아줬다. 아버지들의 이력을 참작한 바가 컸다. 그럼에도 불구하고, 두 아이는 신입 치고는 높은 계급을 달게 된 경우에 해당한다.

여기에는 공개되지는 않았지만 참모장인 중국집 아들의 조건이 있었다. 두개의기둥은 양조장 직원들 모르게 집합 때마다 술 한 병씩 가져오는 조건이고, 폭군도마뱀은 아버지 몰래 아버지가 쓰는 엽총을 참모장에게 보여주는 조건이었다.

엽총이 문제였다.

폭군도마뱀이 엽총을 참모장에게 보여준 날 피마골 병정들의 예기치 못한 습격이 있었고, 읍내 병정들이 곤경에 처해 무너질 지경에 다다르자 참모장이 엽총을 놓고 뺑소니를 쳤다. 이에 당

황한 대장이 엽총을 들고 진지를 사수하다 얼떨결에 방아쇠를 당겨 탄알 한 알이 적장의 정강이를 관통했다.

이 사고로 적은 패퇴했다. 그러나 폭군도마뱀의 아버지는 읍내 경찰관의 조사를 받게 되고 폭군도마뱀은 종아리에 피가 나도록 아버지로부터 매를 맞았다. 대장간 조수는 포승줄에 묶여 교육위원회가 있는 도시의 경찰서로 끌려간 이후 모습이 보이지 않았다.

읍내 병정부대는 새로운 대장을 뽑았다. 키가 작고 빼빼한 중국집 아들은 그대로 참모장이다. 바쁜 장날에도 대장간 주인은 혼자 쇠를 달궈야 했다.

전쟁은 과정이 정의롭든, 정의롭지 않든 황당한 결과를 초래할 때가 많다. 읍내와 피마골의 전쟁이 그랬다. 피마골 참모본부는 패인을 분석, 비록 대장이 엽총에 부상을 당하기는 했지만 싸움의 기술을 주 원인으로, 엽총을 종적 원인으로 진단했다.

싸움의 기술을 익힌 읍내 아이들이 대거 입회하여 조직의 사기를 드높인 것에 비하면 폭군도마뱀이 아버지의 엽총을 가져온 것은 전쟁의 에피소드였을 뿐이다. 그러니 읍내를 이기기 위해서는 피마골 어린이들에게도 싸움의 기술을 익히도록 하지 않을 수 없다!

얼음 꽃 두 개가 부딪히면 산산이 부서진다. 사람과 사람이 부딪혀 죽는 경우는 드물다. 감각기관을 가진 생명체의 자각본능이 작용하기 때문이다. 이 본능은 기계의 자동장치와 같아서 위해의 정도가 기준치 이하일 때는 경고음을 보내지 않는다. 그러므로 경고 버튼을 대신 눌러줄 수 있는 동료나 가족, 친구가 있다는 것만으로도 눈물 나게 고마운 일이다.

자기의 발톱에 난 작은 상처를 감지하지 못하다가 그 상처가 손을 쓸 수 없는 지경에 이르러 최초의 상처를 소홀히 했음을 탄식한들 무슨 소용이 있겠는가!

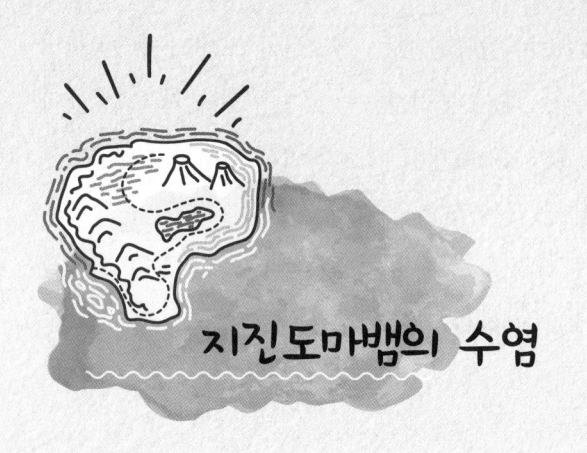

지진도마뱀의 수염

네모메기 선생님은 네모진 얼굴에 메기 입이다. 어느 모로 보나 무던하고 넉살 좋은 인상이다. 그가 방금 점심 도시락을 먹고 책상에 앉아 있다. 낡은 책상, 삐걱거리는 의자…… 이 시각이 되면 네모메기 선생님의 눈엔 눈꺼풀이 무겁게 내려앉는다. 네모메기 선생님의 반쯤 덮인 시선으로 창밖의 모습이 다가온다.

맑은 하늘, 햇살이 밝다. 하얀 구름 조각들이 산등성이로 흘러가자 파란 하늘 끝에 걸린 나뭇가지가 흔들린다. 밖엔 아직도 바람이 부는가 보다.

따오기 선생님이 또각또각 창가로 걸어가 창문 하나를 열자 한아름의 햇살이 뚜벅뚜벅 걸어와 네모메기 선생님의 어깨에 살포시 앉는다. 따뜻한 바람이 가슴의 문을 열고 물밀듯이 들어오는 듯하다. 덥다. 옷을 벗어야 하나, 말아야 하나. 아니지, 오

64

후시간을 준비하려면 화장실부터 다녀와야 하지 않을까?

복도를 나오는데 금방 산등성이로 넘어간 구름 조각들이 뒷걸음 치고 있다. 제기랄, 하늘도 늙은 소처럼 되새김질 할 때가 있는가 보지. 사실, 바람의 방향이 바뀌지 않는 한 산등성이로 넘어간 구름은 다시 오지 않는다. 지금 눈앞에 전개되고 있는 상황은 무슨 조화인가?

네모메기 선생님은 화장실 문을 닫고 바지춤을 내리면서도 그가 꿈을 꾸고 있다는 생각을 하지 못했다. 그도 그럴 밖에. 하늘은 어제와 같고 변소는 그제와 같았으니. 잘 앉아야지. 자칫하면 똥 밟을라. 밑을 보니 똥통에 똥이 가득하다. 만약 실족하기라도 한다면 헤어날 수 없을 만큼.

가만히 쪼그려 앉아 앞을 보니 코앞에 있는 문짝엔 아이들이 그려놓은 낙서가 빼곡하다. 숯검정으로 그린 고기 한 마리 아래 물결처럼 일렁이는 글씨들. 그 밑으로 둥근 얼굴, 세모진 얼굴들이 이집트 벽화처럼 옆으로 걸어간다.

자, 이제 힘을 줘야 해. 목젖이 튀어나오도록 힘을 주니 빈속에 털어넣은 알코올처럼 차디찬 덩어리가 위 벽을 거쳐 장으로 흘러내리는 느낌이 온다. 그래, 그렇지. 어차피 무거운 것은 아래로 내려가기 마련!

그런데 웬일일까? 시원스레 떨어져야 할 것이 떨어지지 않는다. 느낌으로는 무언가 딱딱한 덩어리가 항문을 막고 있다. 대체 이게 뭘까? 시간이 없는데……

65

가만히 고개를 숙여 밑을 보니 타조 알 만한 황금 덩어리가 반쯤 열린 항문에 걸려 있다. 이게 무슨 조화지? 설마 따오기 선생님이 둔갑술을 부려 내가 암탉이 되었단 말인가. 쌍심지를 켜고 봐도 항문에 걸린 게 달걀인지 똥 덩어리인지 구분이 안 간다. 그럴 리 없어. 배설물이 침전되다가 어딘가에서 막혀 덩어리로 굳었을 게다. 막힌 것은 힘으로 뚫어야 해.

힘을 주자. 똥밭에 떨어지면 그게 알인지 똥인지 분간할 게 아닌가. 에이씨!

정신을 바짝 차리고 온몸에 불뚝 힘을 주는데 낙서로 가득 채워진 문짝이 거울로 변하고 있다. 그 거울 속의 네모메기 선생님의 모습은 눈이 붉게 충혈되고 이마 한가운데에 솟은 핏줄이 금방 터질 듯하다. 네모진 얼굴이 풍선처럼 둥글게 부풀어오르고 있지 않은가.

아, 이걸 어째. 똥을 뺀다는 게 얼을 빼고 있는 건 아닌지. 아서라. 얼이 빠지면 죽는다. 지금은 때가 아니다. 꺼림칙한 마음에 바지춤을 추스르며 이마에 흐르는 땀을 훔치는데 화장실 밖인지 안인지 분간할 수 없는 곳에서 두런거리는 소리가 들린다.

"어머나!"

"뭐야?"

"허~엉!"

"그래서 어쨌다는 건데?"

"흥!"

게슴츠레 눈을 떠 보니 책상에 연필 한 자루가 떨어져 또루루 굴러간다.

'흥!' 소리는 따오기 선생님의 탄식이고 연필은 교장 선생님이 던진 것이다.

아뿔싸! 내가 꿈을 꾸었구나.

네모메기 선생님이 당황한 표정으로 자리에서 일어섰다. 머릿결이 헝클어지고 입가에 흘린 침이 말라붙었다.

아, 꿈이었다니, 꿈이어서 다행이다.

"네모메기 선생님 도대체 무슨 꿈을 꾸었기에 그리 안타까워하오. 뭔가 중요한 걸 잃어버렸나 보지?"

"저는 아무것도 잃어버린 게 없습니다."

"그런데 왜 그렇게 두 손을 휘젓고, 다리를 후들후들 떠는지요?"

"그게…… 글쎄……."

"못된 꿈을 꾸었나 보지. 서두르시오. 방금 오후 수업을 알리는 종이 울렸으니……."

서둘러 출석부와 백묵통을 들고 복도로 나서자 저만치 앞에 따오기 선생님이 가고 있다. 하이힐을 신고 또박또박 걷는 것이 모이를 쪼며 앞으로 가는 비둘기를 닮았다. 그 모습을 보며 네모메기 선생님은 추측한다. 따오기 선생님의 눈은 뒤쪽을 향하고 있을 게다. 그리고 나를 비웃겠지. 불쌍한 세모빠가 선생님. 어디 걸칠 데가 없어 저런 비둘기 궁둥이 같은 여자를!

따오기 선생님이 새침데기 같은 표정으로 뒤를 보더니 1학년 교실로 쏙 들어갔다. 이제 복도엔 네모메기 선생님뿐이다. 네모메기 선생님의 시야에 시원하게 뚫린 복도와 창밖의 하늘이 파랗게 다가온다.

바람은 여전한 듯. 파란 하늘 끝에 걸린 나뭇가지가 살랑거리고 몇 개의 하얀 구름 조각이 나뭇가지가 흔들리는 쪽으로 흘러간다. 복도를 따라 4학년 교실까지 가면서 네모메기 선생님은 왠지 허전하고 무언가가 그리워진다는 생각을 하게 되었다.

그리움이란 그런가 보다. 어제의 것이 오늘 같고, 오늘의 것이 내일 같은. 그리움엔 변하지 않는 것이 변하는 것을 변하지 않게 만드는 착각이 있다.

4학년 오후 세 시간은 체육시간이다. 이제 곧 앉은뱅이책상을 옮겨야 할 때가 왔다. 네모메기 선생님은 첫 두 시간 동안 예비 체력을 키우기 위해 아이들에게 운동장 변두리 풀 뽑기, 학교 주변청소는 물론 쓰레기 더미를 정돈하도록 했다. 분단별로 경쟁을 시켰으므로 땀을 흘리지 않는 아이가 없었다. 마지막은 읍내 옆으로 흘러 한티보에 이르는 냇가에서 목욕시간을 갖기로 했다.

둘째시간이 끝날 무렵 네모메기 선생님이 새 학기의 반장을 뽑았다. 매 학기마다 전前 학기 성적이 1등인 학생이 반장이었으므로 4학년 아이들은 이번 학기도 폭군도마뱀이 반장일 줄 알았다. 그러나 네모메기 선생님이 지진도마뱀을 반장으로 호명하자 4학년 아이들은 적지 않게 동요했다.

"지진도마뱀은 한 번도 일등 한 적이 없는데?"

"엽총 때문인가?"

"어떻게 이런 일이……. 불쌍한 폭군도마뱀!"

사방에서 의견이 분분하자 네모메기 선생님이 너그러운 얼굴에 쌍심지를 돋우고 버럭 화를 냈다. 네모메기 선생님이 이렇게 화를 내기는 처음이다.

"조용! 조용! 제군들은 체육, 미술, 음악시간이 바뀐 것을 모르는가! 지진도마뱀이 국어, 산수, 자연, 사회과목 성적이 낮았던 건 사실이다. 그러나 이 세 과목에서 월등한 성적을 올려 1등을 했고, 반장이 된 것이다. 알겠는가!"

이렇게 선언하는데 누가 이의를 달겠는가. 서로가 멍하니 서로를 쳐다볼 뿐이다. 믿기지 않는 사실은 그것을 믿기까지는 사실이 되지 않는다는 듯이. 4학년 아이들은 아마 당분간 지진도마뱀을 형식적 반장으로, 폭군도마뱀을 정신적 반장으로 생각할 게 분명하다.

4학년 아이들이 새 반장인 지진도마뱀의 구령에 따라 목욕터로 옮기고 있다.

하나, 둘. 하나, 둘. 셋. 넷!

지진도마뱀의 목소리는 굵다. 그러나 어딘가 어설프다. 따라

가는 아이들도 꼬물꼬물, 구령과 엇박자이다. 행렬은 마치 갈퀴처럼 뒤로 갈수록 넓게 퍼져 **나라**초등학교의 정문을 나섰다.

삐뚤빼뚤, 우왕좌왕.

나라초등학교 정문을 나와 신작로를 따라 읍내 쪽으로 가면 다리가 나오고 그 다리 아래 흐르는 냇물이 목적지이다. 행렬은 다리 앞에서 여학생을 떼어내었다. 다리 앞에서 왼쪽으로 내려가면 키 작은 버드나무 숲에 가린 돌밭이 나오고 정강이쯤 차는 개울물이 흐르는데, 여기가 4학년 여학생들의 목간통이다.

남학생들은 다리를 건너자마자 오른쪽 방죽으로 향한다. 이 길 왼쪽엔 교회 아래 신작로와 평행으로 읍내를 관통하는 수로가 흐르고 오른쪽엔 여학생들이 내려간 다리 아래를 거쳐 한티보로 연결된 냇물이 넓게 퍼져 흐른다. 그러니까 수로는 읍내 사람들이 인공으로 판 물길로 읍내 빨래터를 지나 읍내와 연접한 논밭으로 사라진다. 방죽의 끝, 수로가 시작되는 지점에 한티보보다 훨씬 작은 보가 있다. 읍내 사람들은 이 보를 꽃보라고 부른다.

아이들이 꽃보에 당도하자 너 나 할 것 없이 옷을 보관할 장소를 물색하느라고 야단법석이다. 가장 좋은 장소는 방죽 아래 평퍼짐한 둔덕에 있는 너도밤나무 아래이고, 그다음은 수로 건너 아카시아 숲이다.

너도밤나무 아래와 아카시아 숲속이 순식간에 발가벗은 아이들로 왁자하다. 4학년 남자 아이들이 이곳에서 목욕하는 모습을 표현하자면 약간의 설명이 필요하다.

꽃보는 돌로 꾸민 보이다. 보 위는 늘 고인 물로 찰랑찰랑하고 보 아래는 밑 빠진 독처럼 돌틈 사이에서 물이 꾸역꾸역 흘러내린다. 장마철 이외엔 이 물이 정강이를 넘지 않는다. 이 물들은 언제나 같은 양으로 돌밭과 모래, 풀숲을 따라 천연히 흐른다.

보 안으로 10m쯤 되는 보 한가운데에 물 위로 솟은 바위가 있다. 꽃섬이다. 예닐곱 명이 걸터앉을 수 있는 큰 바위이다.

보 첫머리에서는 배꼽 정도 차던 물이 5m쯤 가면 목에 차오르고 그다음부터는 헤엄쳐 가야 한다. 헤엄에 익숙지 않으면 갈 수 없는 곳이다. 꽃섬 건너 벼랑까지는 유속이 빠르고 깊이를 가늠할 수 없다. 물 아래로는 용왕이 다니는 길이 있다는 소문이 있다. 물 위를 헤치며 다니는 이는 없다.

수로는 꽃보 한 귀퉁이에 5m 정도 너비의 돌로 쌓은 아치형 통로로 이어졌다. 통로가 좁은 것은 아니지만 수량이 많고 경사진 터라 입구에는 늘 넘실대는 물줄기가 회오리친다. 이곳을 통과하려면 물질의 고수여야 하고, 숨을 쉬지 않아야 함은 물론, 용감해야 한다. 읍내 사람들은 지금까지 이곳을 통과한 이가 열 명도 안 돼 이곳을 물귀신 통로라고 부른다.

그러니까 4학년 아이들 대부분은 꽃보 아래에 있다. 돌에 앉아 발을 담그고 얼굴과 손을 씻는 아이들, 모래톱에 성이나 두

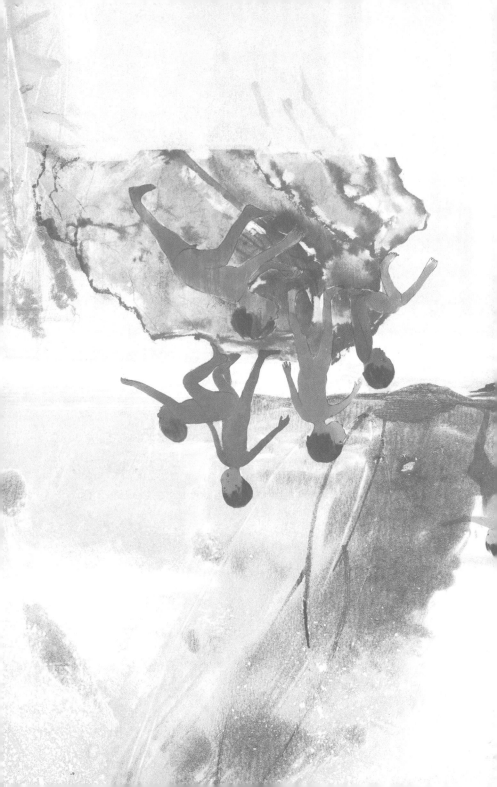

꺼비집을 짓는 아이들, 송사리를 잡아 물병에 넣고 덩기덩기 춤추는 아이들이 여기저기에 있다.

폭군도마뱀, 두개의기둥은 꽃보가 낯선 곳이 아니다. 물질도 보통이 넘는 수준.

폭군도마뱀과 읍내 사는 아이들 서넛이 꽃섬에 걸터앉아 있는데, 두개의기둥이 개헤엄으로 건너와 가까스로 바위에 걸터앉는다.

새벽의약탈자는 물질에 서툰 듯, 꽃보에서 두 손으로 고추를 감싼 채 멋쩍게 꽃섬을 바라보고 있다.

"폭군도마뱀, 기분 나쁘지?"

"응, 나빠."

"그럴 수 있어. 나도 화가 나는 걸. 하지만 참아. 내게는 폭군도마뱀이 반장이니까!"

두개의기둥이 머릿결에서 흐르는 물을 쓸어내리며 말했다. 꽃섬에 앉은 아이들이 이구동성으로 폭군도마뱀을 동정한다.

"흥, 믿을 수 없어. 지진도마뱀이 어떻게 1등을 할 수 있지?"

"반장은 읍내에서 차지해야 해. 우리 반의 반은 읍내 출신이라고."

"난두머리 촌놈에게 반장을 넘겨준다고? 어림없지!"

폭군도마뱀은 잠자코 앉아 있다. 반장을 지진도마뱀에게 빼앗기다니, 믿을 수 없는 현실이다.

"이제 곧 아버지가 아시게 될 테고 집안 분위기가 살벌해지겠지. 아, 이를 어째!"

아이들이 역성을 드니 참았던 눈물이 눈가에 고인다. 그러나 아이들에게 눈물은 보여주고 싶지 않다. 폭군도마뱀은 눈물을 감추기 위해 두 손 가득 물을 떠 얼굴에 뿌렸다. 그러자 물에 섞인 눈물이 눈을 떠난 듯, 희뿌옇게 보이던 주위가 밝아진다.

멀리 새벽의약탈자가 서 있고 그 뒤로 머리 하나쯤 더 큰 지진도마뱀이 성큼성큼 걸어온다. 이 모습은 두개의기둥에게도 보였나 보다.

"어럽쇼. 지진도마뱀이잖아?"

두개의기둥이 손짓하자 꽃섬에 앉은 아이들이 일제히 지진도마뱀을 본다.

"흠, 목에 호루라기를 걸치고 있군."

"잘났어, 정말!"

그런데 지진도마뱀은 호루라기를 목에 걸친 것 이외에도 다른 아이들과 무언가 다른 게 있다. 그게 뭐지? 자세히 보니 모두 빨가벗고 서 있는데 지진도마뱀만 팬티를 걸치고 있다.

"근데 팬티는 왜 입고 있는 거야?"

"꼴사납군! 저것도 반장이란 표시일까?"

"좋다, 내가 가마. 내가 가서 난두머리 촌놈을 혼내주겠어!"

두개의기둥이 물속으로 첨벙 뛰어들더니 개헤엄으로 꽃보에 이르렀다. 그리고 머리로부터 흘러내리는 물을 쓸어내리며 뚜벅뚜벅 걸어가 지진도마뱀의 앞에 마주 섰다. 지진도마뱀은 무슨 할 말이 있느냐는 듯 두개의기둥을 바라본다. 지진도마뱀의 턱 밑에서 벌거벗은 채 지진도마뱀을 올려다보고 있는 두개의 기둥 한가운데엔 조그마한 고추가 달랑거린다.

"두개의기둥, 네가 나에게 볼 일이 있니?"

"암, 있고말고."

"뭔데?"

"내가 알고 싶은 것은 네가 어떻게 1등을 할 수 있었느냐는 거야. 다시 말하면, 네가 반장이 된 이유를 알 수 없다는 거지."

"그런 거라면 네모메기 선생님께 물어보렴. 나도 잘 모르니까."

"그럼 다른 걸 물어보지. 내가 알기로 네 공부는 별로였어. 네가 반장이 될 자격은 있니?"

"네 생각엔 누가 반장이 되어야 하는데?"

"폭군도마뱀!"

"폭군도마뱀은 반장이 될 자격이 있니?"

"공부를 잘하잖아."

"공부 잘하면 무조건 반장이 되어야 하니?"

"반드시 그런 건 아니지만, 지금까지의 선례가 그랬잖아! 다시 묻겠다. 네가 우리 반장이 될 자격은 있는 거니?"

"글쎄, 나는 있다고 생각하는데."

"보여줘!"

지진도마뱀이 잠시 생각하더니 두개의기둥의 팔을 잡아당겨 수로 위로 끌고 올라갔다. 아치형 돔 위는 돌과 돌 사이에 잔디를 덮어 평평히 다진 곳이다. 이곳은 물까지 직선으로 사람 키세 배 정도의 높이이다. 손목을 잡혀 여기까지 끌려간 두개의기둥은 영문을 몰라 어리둥절히 지진도마뱀을 바라본다. 약간은 두렵기도 한 표정이다.

"자, 보거라!"

지진도마뱀은 뒤도 돌아보지 않고 냉큼 거꾸로 물로 뛰었다. 그의 몸은 공중에서 한 바퀴 돌더니 물 찬 제비처럼 물속으로 들어간다. 그리고 커다란 인어가 되어 수로 앞에서 빙글빙글 돌고 있다.

지진도마뱀이 미쳤군. 만용도 유분수지. 숨도 쉬지 않고 5m가 넘는 수로를 통과한다고? 그런데 웬걸. 수로 입구에서 맴돌던 지진도마뱀의 모습이 보이지 않는다. 순식간에 수로 안으로 들어가버린 것이다.

아, 이걸 어째. 지진도마뱀이 죽는 거 아냐. 바보 같은 녀석. 만약 지진도마뱀이 시체가 되어 수로 밖으로 떠오른다면 나는 어쩌지?

겁이 난다. 두개의기둥이 가슴 조이며 수로의 꼬리 쪽으로 옮겨 아래를 내려다보는데, 언제 나왔는지 지진도마뱀이 물 밖으로 얼굴을 쏙 내밀며 쉬익쉬익 휘파람을 불며 소리친다.

"어이! 두개의기둥, 보았지?"

독한 놈! 얄미워 죽겠어, 정말! 물개가 아닌 다음에야 이럴 수가……. 지진도마뱀은 꽃보의 전설이 될 게 분명하다!

"와~!"

"이건 약과야. 다시 보렴!"

지진도마뱀이 또 물속으로 들어갔다. 이제 물속에 있는 지진도마뱀은 거센 물살을 거스르며 수로 안으로 들어갔다. 꽃보로 올라가려나 보다. 두개의기둥은 처음 보는 풍경이다.

꽃보 위로 올라온 지진도마뱀이 기세등등해서 수로 위 둔덕으로 올라오자 두개의기둥은 풀이 꺾였다. 지진도마뱀이 펄쩍펄쩍 뛰어 귀에 고인 물을 떨어내며 묻는다.

"어떠냐?"

"……용 ……감 ……해."

"반장이 될 자격이 있느냐고 묻는 거다!"

"용감한 것만으로는…… 좀."

"흠, 다른 게 더 있어야 한다는 뜻?"

"내 생각으로는……."

"좋다. 더 보여줄 게 있어. 따라오렴."

지진도마뱀이 성큼성큼 꽃보 아래로 내려간다. 그 뒤를 쫓아가는 두개의기둥은 고개가 반쯤 꺾였다. 지진도마뱀이 도착한 곳은 너도밤나무 아래. 그러니까 꽃보 아래서 목욕하는 아이들의 반대쪽으로, 아이들은 보이지 않는 곳이다. 두 아이의 모습이 너도밤나무 둥치에 가리자 지진도마뱀이 두개의기둥을 자기쪽으로 바짝 끌어당겼다. 두개의기둥은 놀란 표정이다.

"왜 그래?"

"네가 더 볼 것이 있다!"

"뭔데? 아이고, 왜 내 머리를 짓누르는 거야?"

지진도마뱀이 제 팬티 고무줄을 크게 늘이더니 그 안으로 두개의기둥 얼굴을 우악스럽게 밀어넣었다. 두개의기둥은 갑갑하다!

"보이느냐?"

"뭐가? 깜깜하기만 한데……."

"잘 봐!"

"어? 이게 뭐야?"

두개의기둥은 놀라지 않을 수 없었다. 지진도마뱀의 사타구니엔 고추 말고도 그 언저리에 거무스름한 수염이 달려 있었던 것이다!

"여기 왜 수염이 있는 거지?"

지진도마뱀의 팬티에서 머리를 꺼낸 두개의기둥의 눈 속에는 의문부호가 가득하다.

"그건 나중에 알 일이다만, 이놈, 두개의기둥!"

"응."

"폭군도마뱀에게도 이런 건 없지?"

"없어."

"어떠냐, 수염을 본 느낌이?"

"신기해."

"이제 인정하겠니?"

"뭐를?"

"뭐긴 뭐야. 내가 반장이란 걸 인정하겠느냐고 물었다."

"지금은 할 말이 없어."

"좋다. 그 말은 반쯤은 인정하겠다는 의미로 받아들이겠어. 할 말이 있을 때 찾아오렴."

지진도마뱀이 의기양양하게 사라지자 꽃보에서 이 모습을 곁눈으로 보고 있던 새벽의약탈자와 폭군도마뱀이 두개의기둥을 불렀다.

"무슨 일인데?"

새벽의약탈자가 물었다.

"지진도마뱀이 왜 팬티를 입고 목욕하는지 알아냈어."

"이유가 뭔데?"

"지진도마뱀의 고추엔 수염이 있어."

"뭐라고? 옥수수 같은 수염이 있다는 거니?"

"그렇다니까!"

폭군도마뱀과 새벽의약탈자가 고개를 갸웃거리며 자기들의 고추를 본 다음 두개의기둥의 고추를 살핀다. 세 개가 모두 거기서 거기.

"묘하군. 거기에 왜 수염이 있을까?"

"그게 이번에 지진도마뱀이 반장이 된 이유야."

"뭐라고?"

"수염이?"

세 아이들이 서로가 서로를 보는데 지진도마뱀이 호루라기를 불었다. 집합신호이다.

4학년 아이들이 되돌아가는 길은 올 때보다 훨씬 삐뚤빼뚤하다. 정강이를 긁적거리는 녀석, 콧구멍을 후비는 놈, 남의 귀를 잡아당기는 아이가 있는가 하면 까닭 없이 제 머리카락을 쥐어 뜯는 아이도 있다. 다리 끝에서 여학생들이 합류하고부터는 더욱 난장판이다.

그러나 지진도마뱀의 구령만은 올 때보다 더욱 우렁차고 자신감이 배어 있다. 책을 보며 대열 뒤를 따라가는 네모 메기 선생님의 귀엔 지진도마뱀의 낭랑한 구령 소리만 들린다.

"흠, 잘하고 있어. 제법이야."

대열이 **나라**초등학교 입구, 늙은 플라타너스 터널로 들어올 즈음 후미에 있던 고대의날개가 앞으로 와 두개의기둥의 팔뚝을 잡아당긴다.

"두개의기둥, 내 얘기 좀 들어봐."

"왜?"

"지진도마뱀이 반장이 된 데에는 특별한 비밀이 있다면서? 그걸 내게 말해줘."

"누가 그래?"

"새벽의약탈자!"

"나쁜 자식. 자기가 얘기하지 왜 나한테 넘긴담! 나는 모르는 일이야. 새벽의약탈자에게 물어보렴!"

"궁금해 죽겠어. 비밀은 지킬게. 내게만 말해줄 수 없겠니?"

"곤란해."

"나쁜 얘긴가 보구나!"

"그건…… 아닌데. 네가 여자라 그래. 여자에게 얘기하긴 좀……."

"나쁜 얘기인 게 분명해, 그렇지?"

"아니라니까, 그 얘길 하자면 내가 좀 창피해."

"흥, 여자에 관한 나쁜 얘기지? 그러니까 네가 창피한 거야, 안 그래?"

"그건 아니라니까."

"그만두렴. 네가 얘기 안 해줘도 내가 반드시 밝히고 말 테니……. 흥, 너도 새벽의약탈자만큼 나쁜 놈이야."

고대의날개가 하얀 눈으로 두개의기둥을 쏘아보더니 냉큼 돌아서서 제자리로 가버린다.

비밀이란 비밀일 때만 소중한 가치가 있다. 그것은 마치 어린아이가 선반 위에 몰래 감춰둔 곶감 같은 것이다. 내가 아닌 남이 감춰둔 선반 위의 곶감이라면 무슨 맛이 있겠는가.

꿈을 나르다

난두머리 털보 할아버지가 하얀 두루마기를 입고 나라초등학교 운동장에 모습을 보인 것은 첫 수업 시간의 중간쯤이다. 때마침 뒷산에 걸쳐진 안개가 뭉클뭉클 내려와 나라초등학교와 향나무 울타리를 감싸고 있었다. 안개는 어리어리하고 아이들의 시야에 보이는 풍경은 가뭇했다.

아마도 털보 할아버지는 늙은 플라타너스가 두 줄로 늘어선 정문을 통과했을 것이다. 그러나 교실의 아이들에겐 하늘에서 운동장 한가운데로 뚝 떨어진 산신령으로 보였다. 안개 때문이다. 하얀 두루마기, 상투를 튼 백발에 망건을 쓰고 지팡이를 들고 있었으니, 그런 상상이 나올 만도 하다.

난두머리 털보 할아버지는 당고바지에 메달을 걸친 교장 선생님으로부터 극진한 환대를 받고, 두루마기 속 주머니에서 둘둘 만 서류 하나를 꺼내 교장 선생님에게 전했다.

나라초등학교 교장 선생님 좌하

백년송이라 할 수는 없으나 노령산 깊은 골짜기에서 늙고 튼실한 소나무만 베어, 난두머리 뒷산 양지에 말리기를 몇 달인지 알 수 없고, 한티보 깊은 물에 석 달 간 우려…….

이렇게 서두를 꺼낸 털보 할아버지 편지의 말미는 4학년부터 6학년까지 쓸 180개의 앉은뱅이책상 제작을 완료하였고, 비용이 얼마라는 게 적혀 있었다.

털보 할아버지 편지를 다 읽고 난 교장 선생님은 들고 있는 것이 편지인지 대금청구서인지 헷갈렸다.

"영감님, 이것은 편지입니까?"

"편지입니다."

"납품완납증명서와 대금청구서를 주셔야 하는데……?"

"또한, 납품완납증명서이고 대금청구서요."

"아하, 그러시구면요. 여기에 보면 비용이 얼마 들었는지만 나와 있고 청구금액은 없습니다만."

"처음부터 이문 같은 것은 생각지도 안 했지요. 비용만 주시구려."

"참 고마우신 말씀. 그래도 이문은 남기셔야 하지 않을까요?"

"봉사에는 이문을 남기는 게 아니오!"

"고맙고, 고맙습니다. 그런데 나라에는 형식이란 게 있어서, 물건을 납품하면 검수절차가 있고 대금을 청구하는 서식이 있습니다만."

"아시다시피 나는 무형문화재요. 초등학교 책상을 만들 사람이 아니오만, **나라**초등학교가 딱해서 특별히 만든 거외다. 그런데 나라의 형식을 따르라고?"

"나라초등학교의 형식이 아니라 공무원, 그러니까 공적조직의 형식을 따르라는 뜻에서……. **나라**초등학교는 국립이거든요."

"나는 공인이 아닌 사인이고 나라에서 인정한 무형문화재요. 내가 **나라**초등학교에 이문을 전혀 남기지 않고 책상을 만들어주는데 공적절차를 따라야 하오?"

"그러나 이건 우리가 어찌할 수 없는 일이라서……. 제발 이문을 남기시고 그 대신 우리 절차를 따라주셨으면 합니다."

"이문을 남기지 않겠다는 것은 무형문화재인 나의 자존심이요. 그러니 더 이상 나를 강요하지 마시오. 그리고 나는 공적절차를 모르는 사람이오. 공적절차는 공적절차를 아는 사람이 대신해주는 게 마땅하지 않겠소?"

"그럴 법 합니다만,"

"내 말은 내가 제출한 것은 납품완납증명인 동시에 검수확인서이고 대금청구서란 말이지. 나는 원가만 청구했소만, 설마 공적절차를 거치지 않았다고 해서 대금을 안 주는 건 아니겠지요?"

"설마, 그럴 리야……. 그런데 이건 참……."

"그럼, 나는 이만!"

털보 할아버지는 낡은 연장 같은 손을 들어 수염을 쓱 문댄 다음 마룻바닥이 울릴 정도로 지팡이를 퉁퉁 짚으며 교무실 밖으로 나갔다. 그 뒷모습을 멍하니 바라보고 있는 교장 선생님은 벌린 입을 다물지 못하고 있다.

"이걸 도대체 어떻게 해결하지?"

스무고개는 예, 아니오란 대답으로만 같은 고개를 스무 번 넘는다. 바꿔 말하면 같은 일의 반복이다. 이런 일이 닥쳤을 땐 예단은 금물! 확실한 것이 보일 때까지 끈질기게 기다리는 게 상책이다.

이날 아침, 교무회의에서는 4~6학년 학생들이 난두머리에서 앉은뱅이책상을 어떻게 날라야 할지에 대한 회의를 했다.

선생님들은 다음과 같은 결론을 내렸다.

첫째, 안전을 최우선으로 할 것. 위험한 직선거리보다 우회로를 택한다.

둘째, 어린 학생들임을 감안하여 두 명이 한 조가 되도록 할 것. 거리가 만만치 않으니 중간지점에 보관장소를 설치해 하루 보관한 다음 교실로 운반한다.

셋째, 책상을 옮기는 순서는 6학년, 5학년, 4학년이다.

이 지침 이외에도 교장 선생님은 남학생보다 힘이 약한 여학생을 배려, 남학생과 여학생을 한 조로 엮어주도록 사려 깊고 자상한 지시를 내렸다.

"이제 끝낼까요?"라고 말하며 교장 선생님이 자리에서 일어서려고 하자 따오기 선생님이 급히 손을 들고 발언권을 요구했다.

교장 선생님에겐 따오기 선생님의 긴급동의가 스무고개 중 두 번째 고개에 해당하는 셈이다.

"따오기 선생님, 무슨 의견이 있어요?"

"예, 교장 선생님. 4학년에 새로 선출된 반장에 대한 묘한 소문이 있어서⋯⋯."

"부정한 방법으로 반장을 뽑았다는 말인가요?"

"그건 모르겠고요. 반장 선출에 여학생이 관련된 비밀이 있다는 소문이 있습니다."

"반장을 선출하는데 여학생이 관련된 비밀이 있다? 도대체 그게 무슨 뜻입니까?"

교장 선생님이 알 수 없다는 듯 따오기 선생님을 바라보자 네모메기 선생님이 자리에서 일어섰다.

"비밀은 무슨! 교장 선생님, 아무것도 아닌 일입니다."

"허허, 아무것도 아닌 게 비밀이 될 수 있습니까?"

교장 선생님의 표정이 점점 어둡다. 따오기 선생님의 반문이 이어졌다.

"아무것도 아니라고요? 비밀이 아무것도 아니라는 뜻입니까,

여학생이 아무것도 아니라는 뜻입니까?"

"새 학기에는 앉은뱅이책상도 옮겨야 하고…… 이전보다 다른 리더십이 필요해서 새로운 방법으로 반장을 뽑은 것뿐입니다."

"새로운 방법이란 게 뭐죠?"

"미술, 음악, 체육 내용이 바뀌었으니 채점방법도 바뀐 거지요."

"오라, 이제 알겠군. 남학생과 여학생의 채점방법이 공정하지 못했군요. 이 비밀을 안 남학생이 여학생에게 말해주기가 창피했겠지."

"천지신명께 맹세합니다만, 저는 여학생을 차별하는 선생이 아닙니다. 남학생은 남학생대로, 여학생은 여학생대로 따로 공정하게 평가했습니다. 필요하다면, 따오기 선생님께 성적표를 보여줄 수도 있어요."

"그런데 반장을 뽑는데 왜 비밀이 필요했죠?"

"그건 저도 모르는 비밀이라니까요."

"허허, 반장을 뽑는 데 비밀이 있었고, 그 비밀이 담임 선생님도 모르는 비밀이라고? 점점 맹랑한지고!"

교장 선생님이 혀를 찼다.

"이건 반드시 밝혀야 해요. 양성평등에 관한 문제거든요. 저는 이름도 엄마의 성을 넣어 따뜸오기로 지으려 했던 사람이란 걸 알아줬으면 해요. 참고로 말씀드리면 우리 엄마의 이름이 뜸부기거든요. 여성이 여성이란 이유로 비밀의 중심에 있다는 건 참을 수 없어요. 고대의날개에 의하면 비밀의 진원지는 두개의기둥입니다. 새벽의약탈자도 아는 듯하고."

"두개의기둥을 조사해봅시다."

"새벽의약탈자도 심문해야 해!"

"교무실로 소환해서 한 시간쯤 다그치면 바로 토설할 거야."

따오기 선생님에 이어 세모빠가, 교무주임, 그 밖의 선생님들이 나서자 교장 선생님이 카랑카랑한 목소리에 불편함을 얹어 쐐기를 친다.

"우리들은 형사나 검사가 아닙니다. 선생님들이란 말이오. 비밀을 가지고 있는 건 우리가 가르쳐야 할 아이들이고……, 범죄인이 아니란 말이지. 누가, 어떻게, 무슨 자격으로 학생들을 조사한단 말이오? 조사하는 사람들의 관점은 과거에 있고 가르치는 선생님들의 시선은 미래를 보아야 하는 거요."

"지당하신 말씀! 제가 장담합니다만, 우리 반 반장 선출엔 아무 비밀이 없습니다. 실체가 없는 비밀이 떠돌아다닐 뿐입니다."

네모메기 선생님이 다짐하자 교장 선생님이 잔기침을 하며 자리에서 일어났다. 회의를 마무리하자는 뜻일 게다.

"비밀은 밝혀지기 마련이오. 네모메기 선생님, 앉은뱅이책상을 나르는 데 남학생과 여학생이 한 조이지요?"

"그렇습니다. 교장 선생님의 지시에 따라서."

"비밀이 밝혀질 때까지 4학년 반장은 여학생이 아닌 남학생과 한 조가 되도록 편성하세요."

"4학년 반장, 지진도마뱀은 **나라**초등학교에서 가장 힘이 좋은

장사라 반장으로 뽑은 겁니다. 그런 학생을 남학생과 한 조로 엮어준다면, 특혜를 주는 것과 다름없습니다."

"그 반장이 여학생과 한 조가 되면, 또 다른 비밀이 양산될까 겁이 나서 그런 겁니다. 근거 없는 비밀은 특혜보다 나쁜 거요! 따오기 선생님, 내 의견이 어떻소?"

"교장 선생님 의견에 백 퍼센트 동의!"

따오기 선생님이 명쾌하게 대답하며 짝짝짝 박수를 친다.

6학년과 5학년은 앉은뱅이책상을 다 날랐고 이제 4학년 차례이다.

따가운 햇살이 떨어지는 오후, 대기엔 마른 장작 냄새가 풍긴다. 네모메기 선생님이 4학년 아이들을 운동장에 집합시켰다. 한 조로 편성된 남학생과 여학생들이 손을 마주잡고 있다.

"너희들은 앉은뱅이책상을 나르는 게 아니란다. 꿈을 나르는 거야."

네모메기 선생님 뒤엔 이 작업의 성공적인 마무리를 보기 위해 교장 선생님도 행장을 꾸리고 서 계신다. 당고바지에 메달을 단 저고리를 입고 중절모자를 썼다.

아이들은 이 행장이 매우 특이한 듯, 어떤 아이들의 시선은 중절모자의 목에 두른 빨간 띠에 꽂혀 있고, 어떤 아이들은 허리에 멘 수통에, 어떤 아이들은 어깨에 걸린 망원경에 붙어 있다.

교장 선생님은 아이들의 관심에 약간은 계면쩍은 듯 씨익 웃는다.

교장 선생님이 맨 앞에, 네모메기 선생님이 그 뒤에, 그리고 지진도마뱀이 호루라기를 불고 구령을 붙이며 두 사람을 따라간다.

호르륵 호르륵 하나, 둘.

삐리릭 삐리릭 셋, 넷.

정문 플라타너스 터널을 지나면 신작로가 나온다. 여기서 난두머리 쪽으로 십 리쯤 가면 다리가 나오는데 거기가 1차 휴식 장소.

신작로에 늘어선 가로수는 늙고 병든 듯 그늘조차 인색했다. 그뿐인가. 덜컹거리며 지나가는 트럭에서는 흙먼지를 뿌리고, 풀숲에 숨어 있던 개구리까지 놀라 신작로에 들쑥날쑥 하였으니 이에 놀란 아이가 한둘이 아니다.

처음엔 짝꿍끼리 손을 잡고 걸었으나 이젠 손을 잡는 것도 지겹다. 지진도마뱀의 힘찬 구령도 어린아이의 옹알이처럼 멀다.

행렬은 난두머리로 갈라지는 다리에서 10분간 휴식을 했다. 그제야 아이들은 흙먼지를 뒤집어써 눈만 빼꼼한 얼굴을 서로 보면서 놀리기 바쁘다. 쉬는 동안 아이들은 풀숲에 앉아 푸른 하늘을 넋 잃고 보거나, 흐르는 물에 낯을 씻었다.

교장 선생님, 네모메기 선생님은 둑 위에 앉아 있다. 교장 선생님이 수통을 꺼내 물을 마셨다. 흐르는 물에서 물장구를 치던 고대의날개와 원시거북이 이를 보았다.

"우리는 흐르는 물을 마시는데 교장 선생님은 수통의 물을 마셔."

"그럴 수밖에."

"당연하다는 뜻?"

"그럴 수밖에 없다는 뜻!"

"그게 무슨 뜻이니?"

"우리는 별을 그냥 보잖아. 그런데 교장 선생님은 망원경을 들고 계시지 않니? 망원경 없이는 별을 볼 수 없는 거야. 만약 교장 선생님이 우리들처럼 흐르는 물을 마신다면 바로 설사병이 나겠지."

고대의날개가 묻고 원시거북이 대답했다.

휴식이 끝났다. 이곳에서부터 아이들은 방죽길을 따라 한티보까지 이동하게 된다. 이 길이 안전하고 빠르기 때문이다.

방죽길은 외나무다리처럼 좁지도 않지만 신작로처럼 넓지도 않다. 아이들은 한눈팔 겨를이 없다. 개울 쪽에는 늪이, 반대쪽에는 푸른 들판이 뻗어 있다. 앞만 보고 가는 아이들은 교장 선생님과 그 뒤를 따르는 네모메기 선생님, 그리고 지진도마뱀만 보게 된다. 아이들에게 보여지는 세 사람은 어딘가 닮아 보인다.

한티보 건너 엎어 놓은 사발처럼 둥그런 고개 하나를 넘으면

털보 할아버지의 목공소이다. 목공소에서 조별로 한 개의 앉은
뱅이책상을 신작로와 방죽 사이의 빈 방앗간에 옮긴 다음, 이튿
날 **나라**초등학교로 옮기면 두 명 중 한 명의 책상이 교실로 옮
겨지고, 같은 방법으로 한 번 더 옮기면 4학년용 앉은뱅이책상
운반이 완료된다.

이렇게 해서 앉은뱅이책상을 모두 나르고 나면 아이들은 제
꿈의 무게가 얼마나 무거운지를 실감할 게다.

서쪽 하늘에 해가 걸려 있다. 동쪽 마루에서부터 온종일 터덜
터덜 걸어간 해는 지친 듯 그 끝무리가 붉게 젖었다.

일단의 아이들이 한티보 돌다리 초입과 건너편에 널브러져
앉아 있다. 피곤한 기색이 역력하다. 두개의기둥, 폭군도마뱀,
원시거북, 고대의날개가 초입에 있고 새벽의약탈자, 지진도마
뱀이 반대편에 앉아 있다.

두개의기둥과 폭군도마뱀은 납작한 조약돌을 던져 물수제비
를 뜨고 있고 원시거북과 고대의날개는 네모난 돌에 앉아 쎄쎄
쎄를 하고 있는데, 전 장군이 와 똥지게를 받혀놓고 앉는다. 그
을린 얼굴엔 땀방울도 없다.

"똥장군 아저씨, 안녕!"

원시거북이 쎄쎄쎄 장단에 맞춰 손뼉을 치며 인사하자 두개
의기둥이 원시거북에게 쏘아대었다.

"마음씨 착한 우리 아저씨 보고 똥장군이라니, 전 장군이라고

불러야지."

"괜찮다. 전 장군이든 똥장군이든 의미가 같다면 무슨 상관이 있겠니."

"그런데 아저씨, 아저씨는 짐을 나르는 데 선수잖아요?"

고대의날개가 쎄쎄쎄 동작을 멈추고 물었다.

"선수인지는 모르겠고……, 좀 안다고는 할 수 있지."

"꿈을 나른 적도 있나요?"

"꿈을 나른다고? 나는 잠잘 때 말고는 꿈을 꿔본 적이 없는데……. 그런데 꿈에도 무게가 있다는 게냐? 똥통이 아니고 꿈을 지고 끙끙거리고 가야 한다면 슬픈 일이다만."

"네모메기 선생님이 앉은뱅이책상을 나르는 건 꿈을 나르는 것과 같다고 했어요."

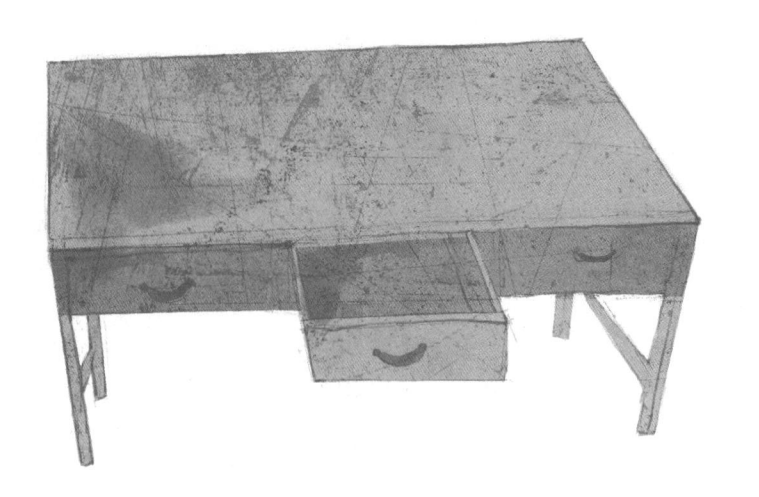

"흠, 그래?"

전 장군이 앉은뱅이책상을 요리조리 살펴보더니 네 아이들을 둘러보며 말했다.

"속은 비어 있구나."

"그게 무슨 말이죠?"

원시거북의 반응이다.

두개의기둥, 폭군도마뱀도 원시거북 쪽으로 온다.

"똥통은 꽉 차야 지기 쉽단다. 그런데 이 앉은뱅이책상을 보거라. 서랍도 비어 있고 다리 사이도 텅 비어 있어. 이게 꿈이라는 거니?"

"네모메기 선생님이 말씀하셨어요."

"무슨 다른 뜻이 있을 게다. 앉은뱅이책상이 꿈이라면 꿈은 텅텅 비어 있어."

원시거북이 곰곰이 생각하더니 말했다.

"앉은뱅이책상을 옮기는 것이 왜 꿈을 옮기는 것과 같은지는 네모메기 선생님에게 물어볼 게요. 그런데 비어 있는 것은 어떻게 옮겨야 쉽죠?"

"글쎄다. 지금 내가 지고 있는 똥통이 비어 있다만, 빈 똥통을 질 때는 특별한 방법이 없어. 어떻게 해도 쉬울 뿐이란다."

"우리는 힘들어 죽겠어요. 어떻게 해도 쉬운 걸 가르쳐주세요!"

전 장군이 깊은 생각에 잠기더니 한숨을 내쉬며 탄식했다.

"쉬운 걸 쉽게 설명한다는 게 얼마나 어려운가를 이제 알겠구

나. 미안하다만, 이것도 네모메기 선생님에게 물어보렴."

옛날, 아버지를 아버지라고 부르지 못한 선비가 있었다. 아버지야 누구에게나 있는 것이다. 선비는 왜 아버지를 아버지라고 부르지 못했을까? 까닭을 알 턱이 없는 아이들에겐 참 웃기는 이야기일 게다.

1 + 1 = 2, 2 + 2 = 4, 이렇게 쉬운 걸 전 장군은 왜 설명하지 못할까? 하긴, 한글도 제대로 꿰지 못하는 주제인데, 오죽하면 똥지게를 질라고.

쉬운 걸 쉽게 설명할 수 없다 하니 얼마나 웃기는 이야기인가.

"똥장군 아저씨, 웃겼어 정말!"

아이들이 '까르르르, 호호호호' 웃는데 건너편에서 지진도마뱀이 '호르르륵' 호루라기를 불자 고대의날개가 일어서려다 이끼 낀 돌을 밟고 스르르르 한티보로 미끄러졌다.

"어푸, 어푸, ……. 아이고 엄마!"

물의 깊이는 정강이에 못 미쳤지만 바닥이 돌밭이고 정신없이 허우적거리다 보니 고대의날개는 점점 더 깊은 곳으로 빠져든다.

한티보 한가운데는 깊이가 몇 길인지 알 수 없는 곳이다.

"아이고 엄마, 나 좀 살려줘요!"

"아, 어떻게 해. 나는 수영을 못하는데,"

"고대의날개가 물에 빠졌다!"

두개의기둥, 원시거북, 폭군도마뱀이 발만 동동 구르며 안달이다. 한티보 한가운데 떠 있는 고대의날개는 표면에 입만 떠 있을 뿐 곧 가라앉을 듯하다.

　전 장군이 빈 똥통에 새끼줄을 멜빵처럼 엮어 등에 지고 한티보로 첨벙 뛰어들었다. 건너편에 있던 지진도마뱀도 재빠르게 바지를 벗어던지고 팬티 바람으로 한티보에 몸을 던져 고대의날개 쪽으로 헤엄쳐 갔다.

　고대의날개는 이미 기력을 잃어 몸뚱이가 자꾸 물 안으로 가라앉는다. 빈 똥장군의 부력에 의지한 전 장군이 지진도마뱀의 도움을 받으며 물속에 가라앉고 있는 고대의날개를 똥장군 위로 반짝 들어올렸다. 고대의날개가 빨래처럼 똥장군 위에 걸쳐 있다.

　"나는 수영을 못 해. 그러니까 네가 이 똥장군을 얕은 데로 끌고 가렴."

　"알았어요, 아저씨. 고대의날개가 떨어지지 않게만 부축하세요."

　"알았다."

　전 장군과 지진도마뱀이 고대의날개를 물가로 끌고 와 모래밭에 뉘었다. 고대의날개는 이미 제 몸이 제 몸이 아니다. 날개는 척척히 젖어 있고 하얀 동공이 하늘을 본다.

　지진도마뱀이 고대의날개 코에 귀를 대어본다. 숨이 멎어 있다.

　"숨을 쉬지 않아요."

　"이를 어쩌지?"

"이럴 땐 인공호흡을 해야 해요."

"그래? 너 그걸 아니?"

"예! 아저씨는 고대의날개의 웃옷 단추를 풀어주세요. 얼른."

"알았다."

전 장군이 고대의날개의 웃옷을 벗기고 있다. 몽골몽골한 가슴, 하얀 속살이 보이자 원시거북이 고개를 돌린다.

장승처럼 뻣뻣하게 서 있는 지진도마뱀의 팬티는 흥건히 젖어 물이 뚝뚝 떨어진다. 그 뒤로 어찌할 바를 모르는 아이들이 빙 둘러서 있다. 두개의기둥이 지진도마뱀의 팬티를 유심히 보더니 중얼거렸다.

"꽃보에서 입었던 그 팬티로군."

지진도마뱀이 말 타듯 조심스럽게 고대의날개 위에 앉았다. 원시거북이 '어머나.' 하고 비명을 질렀다. 지진도마뱀이 두 손으로 고대의날개 가슴을 힘차게 눌렀다 뗐다를 반복한다. 이마에선 땀방울이 뚝뚝 떨어진다. 그의 눈빛은 요지부동, 고대의날개 가슴에 붙어 있다. 고대의날개는 아무런 반응이 없다.

지진도마뱀이 고대의날개의 입을 벌렸다. 그리고 제 입을 그 애의 벌린 입에 넣고 쭉쭉 빨기 시작했다. 손으로는 가슴을 누르고, 입으로는 입을 빠는데, 한 번, 두 번, 세 번, 네 번.

몇 번을 누르고 빨았을까. 고대의날개가 푸~우 하고 한 사발 정도의 물을 토해내더니 마치 잠에서 깨어난 사람처럼 눈에 생기가 돌았다. 숨이 돌아온 것이다.

"아, 살았어!"

"고대의날개, 힘을 내!"

아이들이 웅성거렸다. 지진도마뱀은 온몸에 힘이 풀려 넋을 놓고 앉아 있다. 전 장군이 지진도마뱀의 어깨를 툭 쳤다.

"장하다, 지진도마뱀. 네가 고대의날개를 살렸어!"

멀리 난두머리 쪽에서 교장 선생님과 네모메기 선생님이 허겁지겁 뛰어오는 모습이 보인다. 전 장군이 고대의날개를 업고 읍내 보건소로 뛰어갔다. 네모메기 선생님이 당황스런 표정으로 어수선한 현장을 수습했다.

이 광경을 보며 두개의기둥은 마음이 심란하다. 무언가 가슴에 얽힌 실타래가 풀리지 않는다.

지진도마뱀의 팬티 속엔 수염이 있다. 그 수염에서 삼손의 긴 머리처럼 신비로운 힘이 샘솟았는지도 모른다. 고대의날개는 그걸 알 턱이 없지. 이걸 말해야 하나, 말하지 말아야 하나? 어차피, 지진도마뱀과 고대의날개는 결혼할 운명이다. 가슴을 더듬고 입을 맞췄으니 다른 방법이 없을 게다. 이건 불을 보듯 뻔한 일이야. 그때가 되면 지진도마뱀의 비밀은 비밀이 아니다. 적어도 고대의날개에게는……. 고대의날개가 나를 원망하겠지. 그래 말해주자. 고대의날개, 기다려라. 네가 정신이 들면 네가 알고 싶어 하던 지진도마뱀의 비밀을 내가 말해줄 테니.

두 눈을 슴벅이고 있는데 이미 붉게 물든 햇무리가 한티보 물 표면에 검붉은 색으로 어슴푸레하게 내려앉는다.

두개의기둥은 마치 닫혀 있는 비밀창고의 열쇠를 찾은 듯한 표정을 지으며 보채는 짝꿍과 함께 앉은뱅이책상을 들고 제2 이동지점으로 향하는 대열의 후미를 따라갔다.

작전명 '꾸야'

가을 하늘이 높다. 바람이 꽤 차가워졌다. 해가 서
산에 걸려 있고, 교장 선생님은 관사 앞 텃밭의 고랑에 뒷짐을
지고 서 있다. 등짐 진 손과 어깨 사이에 허전함이 넓게 자리잡
고 있다.

밭의 한 고랑엔 살찐 배추가, 다른 고랑엔 파란 속살을 흙 밖
으로 내민 무가 줄지어 있다. 교장선생님이 배추와 무를 뽑을
참인데 왠지 마음이 가지 않아 선뜻 행동에 옮기지 못하는 듯
멋쩍게 호미를 든다.

그의 시선은 붉게 물든 단풍잎이 다 떨어지고 앙상한 가지만
남은 산 중턱에서부터 을씨년스럽게 서 있는 **나라**초등학교로
옮겨지고 있다. 허물어진 벽을 보수하고 교실마다 뻥 뚫린 창문
을 새 유리창으로 단장했지만, 온 학교가 서글픔으로 꽉 차 있
는 듯한 느낌이 드는 것은 머지않아 정년이 되어 **나라**초등학교

를 떠나야 한다는 허전함이 작용했으리라.

그가 빠진 자리를 누가 메우고, 이어갈지 걱정이 태산이다.

두 아낙이 밭길을 지나며 소곤대는 소리가 바람을 타고 교장 선생님 귀로 흘러온다.

"교장 선생님이 밭에 서 계셔. 무를 뽑으시려나, 배추를 뽑으시려나."

"학교에 계시면 교장 선생님, 밭에 계시면 농부라고 불러야 하지 않겠소?"

"호호호호, 어설픈 농부 아저씨!"

"호미는 어디에 쓰시려는지?"

교장 선생님이 길게 내려앉은 자기 그림자를 보고 피식 웃는다.

그래, 호미는 왜 들고 있을까? 생각해보니 호미라는 것이 뽑는 데 쓰이는 연장은 아닌가 보다.

정년 후의 생활에 익숙해져야 한다며 아내가 떠미는 바람에 나오긴 하였으나 당최 손에 익질 않아 무엇부터 해야 할지 알 길이 없다.

오늘로 아내가 밥을 짓고 교장 선생님이 설거지를 담당한 지 한 달이 넘었다. 아내의 표정을 보면 서툰 행동이 재미있다는 건지, 고소하다는 건지 알 수가 없다.

"내 모습이 우습소?"

"그게 아니라, 대견해서 짓는 표정이랍니다. 이제 안살림에 익숙해지면 텃밭의 작물들도 돌보셔야 해요."

"그러고는?"

"이웃 농부들과도 친하게 지내야지요. 그래야 농사에 익숙해지지 않겠어요?"

"허허허허. 이제 출근복에 걸린 메달도 떼어내야겠군. 언젠가 원시거북이란 아이가 태극기가 왜 그리 복잡하냐고 물은 적이 있었소. 나 역시 대답이 궁해 내 메달에 있는 태극무늬를 보여줬지. 나라를 사랑하면 태극무늬가 있는 메달을 달 수 있다고……. 그런데 그 아이가 뭐라고 한지 아시오? 교장 선생님의 메달에 있는 태극기는 흔들리지가 않는다는 거요. 흔들리지 않는 깃발은 깃발이 아니라는 거지. 나는 지금 흔들리지도 못하는 깃발이 되어 가고 있소."

"학교를 떠난다는 게 서글프세요?"

"평생직장을 떠나는데 어찌 서글픔이 없겠소."

"그래서 말인데요, **나라**초등학교가 있는 읍내에서 살자면 교장 선생님이 불편한 점이 많지 않겠어요? 이웃 분들도 불편할 게고……."

"잊어야 할 건 빨리 잊어야겠지. 걱정 마시오. 지금은 서툴지만 곧 평범한 농사꾼으로 변할 테니……."

"그래서 제가 계획을 짜놓은 게 있답니다. 교장 선생님께서 정년퇴임을 하시면 제 고향인 이웃 읍내로 이사할 작정이에요. 여기는 교장 선생님이 30년을 봉직한 곳인데 아무래도 이웃 읍내가 편하지 않겠어요?"

"뭐라고? 아니, 어떻게 그런?"

"교장 선생님은 따라 오시기만 하셔요. 이제까지 저는 한 번도 제 주장을 내세운 적이 없잖아요?"

허허, 이것 참. 이거야말로 자기만 편하면 된다는 생각이 아닌가. 늙어지면 자기가 편한 게 남도 편한 것처럼 여겨지는가?

이웃 읍내의 아내 고향은 아내의 성씨가 집성촌을 이루는 마을이다. 아내는 편할지 모르지만 내가 뒷짐을 지고 걸으면 거만하다고 손짓할 테고, 땅을 보고 걸으면 숫기 없다고 조롱할 텐데……. 숨조차 제대로 쉴 수 없는 곳으로 끌고 가 무얼 하자는 건지…….

이것이 과연 심사숙고한 아내의 결단이라니, 기가 막힐 노릇이다. 그러나 어쩌랴, 모든 경제권을 아내가 틀어쥐고 있으니, 속만 끙끙 끓일 뿐이다!

확실히, 여자의 인생은 안內을 바꾸고 남자의 인생은 밖外을 바꾸는가 보다. 힘이 팔팔할 때는 장정丈이었다가 돈을 벌어올 때는 남편夫이더니, 돈을 벌지 못하면 일꾼夫으로 변하고, 일꾼도 못 할 나이에 이르면 말문조차 막혀 발어사夫만 연발하는 뒷방도사로 전락하는구나.

이걸 바꿔? 아서라! 누가 운명을 쉽게 바꿀쏜가.

세상에 완벽한 것으로 소멸되는 것이 무엇이 있던가. 어차피 역사는 힘이 있든, 힘이 없든 살아 있는 자가 굴리기 마련이다.

월요일. 4학년 국어시간이다.

당번인 두개의기둥이 솔방울 한 삽을 난로통에 넣는다. 난로는 붉다. 난로 위에 얹은 주전자와 층층이 쌓은 도시락에서 수증기를 부글부글 내뿜는다.

밝은 햇살이 창을 뚫고 들어왔다. 교실 구석구석 훈기가 가득하다. 아이들의 얼굴도 불그스레하다.

여느 때 같으면 구슬치기, 비행기 날리기, 교실 뒷벽에 말타기 놀이가 한창일 텐데 아이들은 자리에 앉아 부산하게 떠들 뿐 움직이지 않는다.

새 교실로 단장한 후부터 교실 풍경이 이렇게 변했다.

교실 뒷자리에 바위처럼 앉아 있는 지진도마뱀은 아이들의 일거수 일투족을 감시하고, 따스함과 안락함 대신 자리에 앉아 창밖의 풍경만 멀뚱히 보고 있는 아이들은 비록 어둡고 칙칙한 교실이었지만 자유가 있었던 때를 그리워한다.

이제 4학년 교실은 행동보다는 말이, 직선적인 말보다는 풍자적인 말이, 서로를 칭찬하기보다는 비난하는 말이 판치는 분위기로 변했다.

이렇게 해서 **나라**초등학교 교장 선생님은 '교장선생님미주알고주알'로 불렸고, 그 밖에 바뀐 이름을 나열하면 다음과 같다.

네모메기선생님암살자.
따오기선생님기오따.

지진도마뱀수염.

폭군도마뱀허수아비.

두개의기둥있으나마나.

새벽의약탈자허풍쟁이.

고대의날개잃어버린입술.

생각만으로도 웃음을 자아내는 이름들이다.

그러나 이 이름들은 오래가지 못했다.

이름이란 나의 것이지만 그가 나의 이름을 부르는 순간 그의 곁으로 가야 한다. 그러나 그가 나의 이름을 불렀는데도 그의 곁으로 가지 않고 나의 곁에 남아 있으면 나의 이름이 되지 않기 때문이다.

시작종이 울리자 네모메기 선생님이 노트 꾸러미를 옆구리에 끼고 들어왔다. 새로워진 교실 풍경에 대한 감상문을 지어오도록 숙제를 주었는데, 검사를 끝내고 돌려주려나 보다.

"오늘은 숙제를 가장 잘한 학생의 감상문을 소개하겠다."

누구의 작품일까?

폭군도마뱀? 서울에서 온 새벽의약탈자나 지진도마뱀일 수도 있다.

네모메기 선생님이 숙제장 하나를 들고 낭독한다.

유리창에 입김을 불어
글씨를 쓴다.

콩나물 한 봉지 300원
반달빵 100원
감자 네 알 200원

그런데 누구일까?
쓰기만 하면 지우개도 없이 후딱 지워버리는 이는!

바람일까?
햇살일까?

네모메기 선생님이 다 읽고 나서 노트를 접은 다음 학생들을
죽 둘러본다.

사실, 이 글은 원시거북의 글이다. 엄마 대신 점방을 보다 물
건 값을 유리창에 써 놓았는데, 그게 지워졌다는 내용.

원시거북의 얼굴이 빨개졌다.

"원시거북, 이 시의 제목이 뭐냐?"

"숙제요."

"네가 쓴 글이 맞기는 한 거니?"

"그럼요. 엄마 대신 점방을 보다 쓴 걸요."

"잘 쓴 시이다. 그러나 시에는 반드시 제목이 있어야 한단다. 선생님은 이 시를 장차 교육위원회에서 개최하는 동시 경시대회에 우리 학급 대표작으로 제출할 생각이다. 그러니 제목을 정하거라, 원시거북."

"선생님이 정하면 안 될까요?"

원시거북은 네모메기 선생님이 교육위원회 경시대회에 제출한다는 말에 덜컥 겁이 났다. 그러나 원시거북은 이 이후 그 애의 별명이 '원시거북제목없는시인'이 될 줄은 몰랐다.

"그러자꾸나. 가만 있자, 제목을 뭐라고 하면 좋을까? 오라, '지우개가 필요 없는 창'이라고 하자."

"그렇게 하세요, 선생님."

"그럼, 원시거북의 시를 우리 다 같이 살펴보기로 하자. 누가 원시거북의 유리창에 쓴 글씨를 지웠을까?"

아이들은 선뜻 대답하지 못한다.

"원시거북, 너 말고 점방 안에 누가 있었니?"

"아무도 없었어요!"

"네가 지운 건 아니지?"

"그럼요."

"그래? 그렇다면 누군가 밖에서 지운 게 틀림없다. 도깨비일까?"

"도깨비는 없어요. 선생님이 도깨비는 상상의 귀신이라고 말씀하셨잖아요?"

아이들이 웅성거리고 있는데, 폭군도마뱀이 물었다.

"유리창을 뚫고 들어올 수 있는 게 아닐까요?"

"그렇겠구나. 안에서 쓴 글씨를 밖에서 지우지는 못할 테니까!"

"바람, 잠자리, 제비는 못 뚫어요."

"연기도 들어오지 못해요!"

여기저기서 아이들이 손을 들고 대답하자 폭군도마뱀이 단정적으로 말했다.

"햇빛만이 뚫을 수 있겠군요."

"마술사도 있어요. 서울에서 마술사가 동전을 유리창 밖에서 안으로 밀어넣는 것을 본 일이 있거든요."

새벽의약탈자의 말이다.

"폭군도마뱀 말이 옳다. 원시거북이 유리창에 쓴 글씨를 지운 것은 유리창을 뚫고 들어온 더운 빛의 입자와 파동이다. 유리창은 투명하지만 밖과 안을 단절시키는 벽이다. 눈에 보인다고 밖의 세상을 안의 세상과 혼돈해서는 안 된다. 그러니 교실 안에 있을 때는 창밖에 한눈팔지 말고 열심히 공부하도록 하여라. 알겠지?"

"예!"

아이들이 우렁차게 대답한다.

고대의날개는 외진 구석에 앉아 망연히 창밖을 바라본다. 얼굴엔 수심이 가득하다.

이전에는 폭군도마뱀과 짝을 이뤄 앞줄에 앉아 있었으나 한 티보 사건 이후 네모메기 선생님에게 요청하여 스스로 뒷자리로 바꾼 것이다.

방금 고대의날개의 초점 잃은 눈동자로 창밖 나뭇가지에 걸려 있던 마른 잎새 하나가 하늘하늘 날리더니 창을 뚫고 팔랑팔랑 날아 들어오고 있다.

죽은 잎새에도 더운 입자와 파동이 있었을까? 아니다. 헛것을 보았는지도 모르지.

눈을 감아보지만 그의 곁으로 날아오는 잎새는 눈을 뜬 것처럼 생생하다.

고대의날개의 고민은 미래에 있다. 미래란 누가 뭐라고 해도 불확실한 것.

그런데 그 불확실한 미래가 고대의날개에겐 과거처럼 변화하지 않는 사실로 다가오니 고민일 수밖에.

고대의날개 장래 남편은 지진도마뱀이다!

고대의날개는 상상조차 하기 싫은 일이건만 반 아이들은 물론, 읍내 어른들까지 단정적으로 말하니 미치고 환장할 노릇이다.

지진도마뱀의 고민은 과거에 있다.

앉은뱅이책상이 놓이고 새 유리창이 끼워지자 **나라**초등학교는 특별한 경우 이외에는 옛날처럼 정상수업을 실시했다.

체육, 미술, 음악시간이 원래상태로 회복된 것이다.

이미 실시한 국어, 산수, 사회, 자연과목 시험에서 지진도마뱀의 성적은 바닥을 맴돌고 있다. 벌써 폭군도마뱀, 두개의기둥

등 읍내 아이들이 지진도마뱀을 보는 시선이 예사롭지 않다.

체육, 미술, 음악시험도 전과 같지 않을 전망이다. 이런 마당에 반장이 할 일은 많아져서 네모메기 선생님은 반원을 옥죌 주문만 쏟아내니 힘이 부친다.

지진도마뱀은 될 수만 있다면 반장이 되기 이전의 시간으로 돌아가고 싶다. 하기사, 시곗바늘을 돌려 오늘의 점심을 어제의 점심으로 만들 수 있겠냐마는……

변할 수 있는 과거는 사람을 혼란시키고, 변하지 않는 미래는 사람을 지치게 만든다.

정년이 가까워진 교장 선생님의 근심이야 눈에 보이는 것이지만, 네모메기 선생님의 얼굴이 더욱 각이 지게 변한 까닭은 어디에 있을까?

따오기 선생님은 사랑을 해야 할지, 말아야 할지 선택의 기로에 서 있으며 세모빠가 선생님은 따오기 선생님의 장단에 따라 흐림과 맑음이 교차된다.

어디 그뿐인가.

비록 나이는 어리지만 폭군도마뱀, 두개의기둥, 새벽의약탈자에게도 나름의 아픔이 없지 않았으니……

바야흐로 **나라**초등학교에 북풍이 몰아치는 계절이 온 것이다. 처마 밑으로 덕지덕지 내려온 고드름, 두껍게 껴입은 아이들의 굼뜬 행동을 보면 **나라**초등학교의 겨울은 검고 어두운 터널처럼 길어 보인다.

금요일 오후, 4학년 교실. 겨울 햇살이 오래된 마차처럼 터덜거리며 가고 있다.

유리창을 사이에 두고 새벽의약탈자가 유리창 밖에, 두개의기둥이 유리창 안에 있다. 두개의기둥 뒤에는 폭군도마뱀, 고대의날개, 원시거북이 둘러싸고 두 아이들의 행동을 주시한다.

"자, 내가 동전을 넣을게. 받을 준비가 되어 있겠지?"

새벽의약탈자의 입 모양이 그러하다. 새벽의약탈자가 동전을 유리창에 넣는 마술을 보이려는 듯.

"그래, 넣어. 나는 준비가 되어 있어."

두개의기둥이 두 손을 유리창에 바짝 대고 대답한다. 주위의 아이들은 흥미가 진진한 듯, 몸이 두개의기둥 쪽으로 쏠린다.

"넣으라니까?"

"응, 기합을 넣고 있어."

새벽의약탈자가 동전을 쥔 손에 입김을 불어넣고 기합과 함께 동전을 유리창 안쪽으로 밀기 시작한다.

"이~얏!"

"뭐야? 안 들어오잖아!"

"가만 있어 봐. 기합이 부족한가 봐."

새벽의약탈자가 동전을 든 주먹을 뒤로 젖힌 다음 유리창 안쪽으로 힘차게 밀었다. 그 순간, 두개의기둥 뒤에 담을 쌓고 있던 아이들이 흠칫 놀라며 앞으로 우루루루 무너졌다.

쨍그렁! 쨍그렁!

유리의 파편들이 교실 바닥으로 떨어진다. 흩어져 뒤로 물러선 아이들의 발밑에 유리조각들이 너절하다.

　두개의기둥과 새벽의약탈자의 눈빛이 두려움으로 가득하다. 두개의기둥 뒤에 둘러싸고 있던 아이들이 주춤주춤 제자리로 가 앉았다.

　깨어진 유리창 밖과 안에는 새벽의약탈자와 두개의기둥만이 멀뚱히 서 있다. 두개의기둥 손에는 동전이 들려 있다.

　"어? 이게 어떻게 내 손에 있지?"

　귀신이 곡할 노릇이다.

　이때 네모메기 선생님에게 종례 보고차 교무실에 갔던 지진도마뱀이 비명을 지르며 다가왔다.

　"뭐야, 이게…… 유리창이 박살났잖아!"

　"우리는 단지 구경만 한 거야."

　교실에 앉아 있던 누군가의 말이다.

　너희들한테 한 말이 아냐. 두개의기둥, 새벽의약탈자, 너희들 짓이지?"

　밖에서 새벽의약탈자가 교실로 들어오자 지진도마뱀이 두 사람에게 깨어진 유리조각들을 치우게 한 다음 지진도마뱀 앞에 세웠다.

"새벽의약탈자는 유리창 밖에, 두개의기둥은 유리창 안에 있었다.

도대체 누가 유리창을 깬 거니?"

두 아이가 서로 마주 보더니 고개를 설레설레 흔든다.

"흠, 그래? 도깨비인가?"

"그건 아닐 거야."

"그래? 그렇다면 누구이겠니?"

두 아이들은 대답하지 못한다.

"이걸 어쩐다? 교실 밖에 있던 동전이 교실 안으로 들어왔어. 네모메기 선생님께서 말씀하셨다. 햇빛의 더운 입자와 파동이 유리창을 뚫을 수 있다고. 그러니까 동전은 유리창을 뚫을 수 없다. 범인은 너희 두 명 중 하나인데 둘 다 범인이 아니라고 주장하니 두 명 다 벌을 받을 수밖에……. 두개의기둥, 새벽의약탈자! 교실 뒤로 가 손을 들어라!"

두개의기둥과 새벽의약탈자는 억울한 표정이다. 네모메기 선생님의 절대적 지지를 받고 있는 반장의 명을 거역한다면 더 큰 벌을 받을는지도 모른다. 네모메기 선생님이 올 때까지는 반장의 명을 따를 수밖에 없다. 두 아이는 매우 불쾌한 낯으로 마주 보며 도살장으로 향하는 소처럼 어기적어기적 교실 뒤쪽으로 걸어갔다.

이 광경을 지켜보고 있던 원시거북이 고개를 갸웃이 하고 생각에 잠겨 있더니 속삭이듯 지진도마뱀에게 말했다.

"반장, 이상하지 않아?"

"뭐가?"

"유리창이 깨어진 것은 동전과 관련이 있겠지?"

"나도 그렇게 생각해."

"동전이 두 개였니?"

"아니, 하나였어!"

"근데 왜 두 명이 벌을 서야 하니?"

"동전이 범죄에 쓰인 망치라고 하자. 그 망치에 두개의기둥과 새벽의약탈자의 지문이 있어. 그런데 두 아이는 범인이 아니라고 주장해. 네가 반장이라면 어떻게 하겠니?"

"범인이 나올 때까지 기다려야지."

"참견하지 마! 지금 결정하지 않으면 내가 바보가 된다는 걸 모르니?"

"참견하는 게 아니란다. 칭찬은 나눌수록 좋지만 벌을 나누어 주면 원한을 사지 않겠니? 나는 네가 걱정이 되어 한 말이야."

"너는 네 걱정만 해!"

권력이란 커지면 커질수록 속성이 생긴다. 권력의 속성은 형식이다. 또한, 형식이 속성에 익숙해지면 실질이 상실된다.

이미 어둔골의 하늘에 회색이 짙게 물들었다. 새벽의약탈자,

폭군도마뱀, 두개의기둥이 어둔골 덤불 속에 앉아 있다. 이 아이들이 왜 폭군도마뱀 언덕이 아닌 어둔골 덤불 속 그늘에 검은 모습으로 소곤대고 있을까? 다른 아이들에게 알려서는 안 될 비밀이 있기 때문이다.

"분해 죽겠어! 언젠가 싸움의 기술로 지진도마뱀과 만나게 된다면 코를 뭉개버릴 거야."

"불리할 때는 참는 게 좋아."

"지진도마뱀은 엉터리 반장이야. 폭군도마뱀이 반장이었을 때가 그리워!"

세 아이들이 각자의 불만을 토로한다.

"우리가 우리의 힘으로 옛날로 돌아가면 어떨까? 오늘 여기서 만나자고 한 것도 그 때문이야."

새벽의약탈자가 말한 다음 조심스럽게 주위를 살핀다.

"옛날로 돌아가자고?"

"어떻게?"

"두개의기둥과 내가 오늘 기합받은 것도 그렇고, 지진도마뱀이 으스대는 것도 그렇고, 다 유리창 때문이지 않겠니?"

"그래서?"

"유리창을 다 부셔버리자! 그렇게 하면 우리가 옛날로 돌아갈 수 있지 않을까?"

"어떻게?"

"운동장에서 야구를 하는 거야. 내가 포수를 할게. 폭군도마뱀은 투수, 두개의기둥은 유격수를 맡아. 그리고 빈자리는 우리 반 읍내 아이들로 메우는 거야. 쉽게 말하면 운동을 하다가 실수인 것처럼 유리창을 깨는 거야. 그렇게 하면 우리가 걸린다 해도 학교에서 큰 벌은 주지 못할 거야."

"우리는 야구를 모르는데……."

"그건 염려 마. 내가 가르쳐줄게."

폭군도마뱀, 두개의기둥이 고개를 끄덕인다. 약간의 두려움을 감춘 채.

"오늘부터 방망이와 공을 구하기로 하자!"

"방망이야 어둔골 숲 오리나무를 다듬으면 되겠지만, 공은 어디서 구하지?"

"우리는 진짜가 필요한 게 아냐. 공처럼 생긴 거면 돼! 단단할수록 좋지. 훌륭한 무기가 될 테니까!"

"야구를 한다면 방과 후에 해야겠지?"

"그래야겠지. 그리고 말야, 우리가 이 계획을 성공하려면 작전이 필요해."

"작전이라고?"

"그래, 작전!"

작전명은 '꾸야', '꾸야'라고 하면 아무도 눈치 채지 못할 걸?"

새벽의약탈자가 덤불의 줄기를 한 움큼 휘어잡으며 비장하게 말했다.

"꾸야? 꾸야가 뭔데?"

"서울 사는 우리 사촌형은 지갑을 '깝지'라고 해. 거기서 힌트를 얻은 거야."

"꾸~야. 꾸야. 아, 거꾸로 하면 야구로구나!"

"당근! 쉽게 말하면 '꾸야'는 혁명이야."

"혁명? 혁명은 또 뭐니?"

"확 뒤엎는 거야."

"그 말도 사촌형이 가르쳐준 거니?"

"응, 그 형은 모르는 게 없어. 만물박사야!"

두개의기둥과 폭군도마뱀은 새벽의약탈자가 만물박사인 형이 있다는 게 부러운 듯, 눈가에 선망의 빛이 어린다.

"내가 '꾸야6' 하면 방망이와 공을 들고 여섯 시에 운동장에 모인다는 암호야, 알겠지?"

새벽의약탈자가 말하자 폭군도마뱀과 두개의기둥이 침을 꼴깍 삼키며 고개를 끄덕인다.

"그런데 말야, 이런 일을 할 때는 목적이 분명해야 해. 그래야 성공할 수 있거든. 내가 작전명 '꾸야'를 하는 이유는 우리 반 아이들에게 더 큰 자유를 주기 위해서야. 자, 그럼 두개의기둥, 네 목적을 말해봐."

두개의기둥이 더듬거리며 대답한다.

"지진도마뱀이 미워. 폭군도마뱀이 반장이 될 수 있도록 도와주고 싶어!"

"폭군도마뱀, 너는?"

"나는 너희들 두 명을 위해서……, 오늘 지진도마뱀의 행동은 정의롭지 못했어!"

"자, 그럼 세 번쯤 연습한 다음 실행하도록 한다! 그런 의미에서 결의를 하자! 삼국지에서 유비, 장비, 관우가 도원에서 맹서한 것처럼."

새벽의약탈자가 주먹을 한가운데로 내밀자 두 아이가 손을 내밀어 주먹을 감싸 안았다.

"파이팅!"

"파이팅!"

순간, 바람이 불자 세 아이들의 결기가 머릿결로 솟구치며 바람이 지나간 방향으로 쏠렸다.

새벽의약탈자는 4학년 아이들을 위해, 두개의기둥은 폭군도마뱀을 위해, 폭군도마뱀은 새벽의약탈자와 두개의기둥을 위해 작전명 '꾸야'를 실행에 옮기려고 한다.

세 아이들은 이 작전을 성공적으로 수행할 수 있을까?

혁명革命이란, 비록 비합법적이긴 하나, 사명使命에 따라 제 살갗을 벗기는 아픔革을 감내하며 조직 또는 사회를 더 나은 방향으로 개조하는 것이다.

혁명이란 이름 아래 자기가 아닌 남을 위해, 자기의 살갗이 아닌 남의 살갗을 벗긴다면, 이것은 올바른 혁명이 아니다.

역사상 많은 혁명가가 그래 왔던 것처럼.

무너지는 기둥

운동장에 큰 다이아몬드를 긋고 타석엔 타격 매트를, 각 루 위엔 모랫자루를 놓은 다음, 새벽의약탈자가 '꾸야'의 룰을 설명한다.

"'꾸야'는 말야, 공격할 때는 공격만, 방어할 때는 방어만 하는 게임이야. 공격하는 팀은 살아야 하고 방어하는 팀은 죽여야 산다. 공격하는 팀 세 명이 죽으면 공격과 수비를 바꾸지……. 이렇게 아홉 번 돌면 게임이 끝나."

"죽이고 사는 게임이라고? '꾸야'는 전쟁놀이와 다를 게 없군."

"아니지. '꾸야'는 지난 회에 죽었더라도 다음 회에 타순이 오면 다시 살 수 있어."

"무슨 귀신 씻나락 까먹는 소리! 돌아가신 할아버지가 제삿날에 살아오신다고 해보렴. 재미있겠니?"

"죽으면 끝이지, 이기고 지는 게 무슨 의미가 있니? '꾸야'는 도깨비 장난이야!"

타석에서 설명하고 있는 새벽의약탈자를 에워싸고 있는 아이들이 투정을 부리자 새벽의약탈자가 이를 진정시킨다.

"자, 그만. 제발 내 설명을 좀 더 들어봐. 물론 '꾸야'는 죽고 사는 게임이지만, 우리들은 이보다 더 결연한……"라고 말을 잇는데 두개의기둥이 끼어든다.

"심판도 있니?"

"그럼, 심판이 없는 게임은 없어! 심판이 스트라이크와 볼을 판별하기도 하고, 스틸이라고 루壘를 훔치는 건데, 이것도 심판해."

"햐, 심판이 도둑질을 부추기다니, 나쁜 염라대왕이구나."

"야, 두개의기둥! 제발 내 말 좀 끝까지 들어봐!"

"좋다. 해봐."

"오늘 모인 우리들이 다 합해도 아홉 명밖에 안 돼. 정식으로 '꾸야'를 하려면 최소한 아홉 명의 두 배가 되어야 하거든. 그러니까 우리는 게임을 하는 게 아냐!"

"그래도 심판이 필요하니?"

"우리 교실 유리창을 깨는데 무슨 심판이 필요하겠니? 심판은 필요 없어."

"게임에 심판이 없다고? 그렇다면 게임이 난장판이 되겠구나."

"야, 두개의기둥! 제발 내 말 좀 끝까지 들어보렴!"

"알았어. 계속해."

"우리들은 무조건 포수 쪽에 공을 던지는 연습만 할 거야. 실

전에는 포수가 유리창이 되는 거지."

"그럴 거라면 연습이 필요 없을 것 같은데……."

"두개의기둥!"

"미안, 미안. 계속해."

"우리가 연습을 하는 건 게임의 룰을 익히기 위해서란다. 생각해봐. 우리가 '꾸야'를 하다가 4학년 교실 유리창을 다 깼다고 하자, 네모메기 선생님이 가만히 계실까?"

아이들이 웅성거리고, 폭군도마뱀이 대답한다.

"우리들을 교무실로 부르시겠지."

"그런 다음엔?"

"어떻게 하다가 유리창을 깼는지 묻겠지."

"누구한테 물을까?"

"우리들 모두에게."

"바로 그거야. 우리가 입을 맞춰야 할 필요가 있단 말이다. 우리가 '꾸야'의 규칙도 모르고 횡설수설한다면 우리 계획이 들통 나지 않겠니?"

"오라, '꾸야'는 운동이 아니라 진실을 감추는 거구나!"

"진실을 감추는데도 규칙이 있고 연습이 필요한 거란다."

"이제 알겠어."

"와, 새벽의약탈자, 대단해! 진실을 감추는데도 규칙이 있다니!"

아이들은 그제야 고개를 끄덕이고 새벽의약탈자가 설명하는 '꾸야'의 규칙을 익히기 시작했다.

작전 개시일. 하늘은 파랗고 운동장엔 햇살이 가득하다.

'꾸야' 팀은 방과 후 작전을 최종 점검하기 위한 예행연습을 운동장에서 할 예정이다. 그런데 공교롭게도 두개의기둥, 폭군 도마뱀이 유리창 청소 담당이 되었다.

투수와 유격수라면 '꾸야'의 핵심 멤버이다. 핵심 멤버가 빠진 '꾸야' 팀은 과연 예행연습을 제대로 할 수 있을지 걱정이다.

마른 걸레를 들고 앉은뱅이책상을 사다리처럼 쌓은 꼭대기에서 유리창을 닦고 있는 두개의기둥의 마음은 창밖에 있다.

창밖엔 최종 연습을 하는 '꾸야' 팀이 보인다. 투수와 유격수 자리가 비어 있다. '꾸야' 팀은 마치 앞니 두 개가 빠진 것 같다.

"두개의기둥, 뭐하고 있니? 네 유리창만 깨끗하지 않잖아."

아래 유리창을 닦고 있던 고대의날개가 두 눈을 밖에 둔 채 건성으로 유리창을 닦고 있는 두개의기둥을 쏘아보며 투덜거렸다.

"내 유리창이 어때서?"

"내려와서 보렴. 네 유리창은 흐려."

"밖이 잘 보이는데……."

"네가 보고 싶은 것만 보면 잘 보일 수도 있겠지. 실제는 흐려."

"내가 네 유리창을 닦을게. 네가 내 유리창을 닦아볼래?"

"내 유리창을 깨끗이 닦아놓았는데, 더러운 네 유리창과 바꾸자고?"

"나는 내 유리창이 깨끗한데 네가 더럽다니 하는 말이야."

"너는 여자를 보호해줄 줄 모르는 아이로구나!"

"뭐라고?"

"여자인 내가 치마를 입고 높은 곳의 유리창을 닦아야 하겠니?"

"네가 잔소리를 하니 그렇지!"

"너 때문에 청소 팀이 다 늦어지잖아!"

"시끄러워!"

"흥, 사내답지 못한 놈!"

"뭐라고? 내가 사내답지 못하다고?"

"그렇다, 왜!"

"네 입술을 훔친 놈은 사내다운 놈이었니?"

"너, 말 다했어?"

"다했다. 어쩔래!"

"비열한 놈! 징그러운 놈!"

고대의날개가 두개의기둥을 올려다보며 악다구니를 퍼붓는다. 두개의기둥은 물러설 기미가 없다. 더욱 깐죽거린다.

"올챙이 같은 놈!"

"그래, 나는 올챙이올시다. 올챙이의 배를 보여줄까?"

두개의기둥이 발을 통통 구르며 앞단추를 풀어 고대의날개에게 볼록 나온 배를 보여주려는 순간, 지진도마뱀이 긴 손잡이가 달린 먼지떨이를 어깨에 걸치고 나타났다. 표정이 험상궂고 두 눈이 이글이글 타고 있다.

"두개의기둥! 고대의날개 입술을 누가 훔쳤니?"

"나는…… 모르는 일이야."

두개의기둥은 딴전을 피운다.

"두개의기둥! 네 손은 유리창을 닦고 있지만, 네 눈은 창밖에 있어. 너야말로 무언가를 훔치려고 하는 사람처럼 행동하고 있어. 내 말이 틀렸니?"

"우리 집은 부자야. 부족한 게 없어. 훔칠 게 없다고. 그러니까 웃기지 마!"

두개의기둥이 침을 꼴깍 삼킨 다음 시선을 유리창에 고정시킨다. 유리창을 닦는 손놀림이 빠르다.

지진도마뱀이 비웃음을 머금고 유리창을 닦고 있는 여러 아이들을 둘러보며 말했다.

"애들아, 너희들은 되었다. 유리창이 깨끗해. 두개의기둥만 남고 나머지는 집에 가도 좋다."

유리창에 붙어 있는 아이들이 함성을 지르며 가방을 둘러메고 교실 밖으로 뛰어나갔다.

이제 유리창엔 두개의기둥뿐이다. 두개의기둥은 맥이 빠졌다.

"두개의기둥!"

"왜 불러, 반장."

"네 유리창은 삼십 분쯤 더 닦아야 할 것 같구나. 삼십 분 후에 점검할 테니 열심히 하려무나."

"그러시든지……"

두개의기둥이 심드렁히 대답하고 밖을 보니 벌써 폭군도마뱀이 투수의 자리에 서 있다. 이제 '꾸야' 팀은 두개의기둥 자리만비어 있다.

두개의기둥은 있는데 두개의기둥 자리는 비어 있다. 생각하면 이것은 참 슬픈 일이다.

날이 저물면 깨어야 할 유리창을 닦으며 자신의 빈자리를 멀뚱히 바라만 보아야 하는 두개의기둥의 두 볼에 눈물이 주르르흘렀다.

두개의기둥이 유리창 청소를 마쳤을 때는 운동장에서 예행연습을 하던 '꾸야' 팀이 모두 사라진 뒤였다. 두개의기둥은 집으로 가는 길에 새벽의약탈자로부터 저녁 여섯 시에 '꾸야'의 작전이 개시된다는 메시지를 받았다.

터덜터덜 걸어서 양조장과 붙은 집에 와보니, 인부들이 수증기가 무럭무럭 나는 가마솥에서 하얀 누룩을 명석에 퍼 나르고 있다. 인부들 중엔 턱수염이 제멋대로인 전 장군도 보인다. 일손이 모자라 돕고 있는 모양이다.

"두개의기둥! 무슨 일이 있는 게냐? 얼굴에 먹구름이 끼었구나."

전 장군이 고무래로 명석에 쌓인 누룩을 고르던 작업을 멈추고 이마의 땀을 훔친다.

"기분 나쁜 게 있어요."

"기분이란 맷돌 속의 콩과 같은 거란다. 결국, 너 자신이 갈아야 할 것들이지."

"어차피 깨어질 것을 닦는다는 건 기분 나쁜 것이죠?"

"그릇에 비유한다면 그렇겠지. 그러나 깨어야 할 것이 영혼이 라면 그래도 잘 닦아야 한단다."

"영혼이 뭔데요?"

"영혼이 뭐냐고? 영혼이란 깨어지기 쉬운 거란다."

두개의기둥은 무슨 말인지 알 수가 없다. 전 장군을 빤히 쳐다볼 뿐이다.

전 장군이 심드렁히 웃었다. 그의 누런 이빨이 수증기에 가렸다.

두개의기둥이 하품을 하며 양조장 구석에 예비로 말아놓은 멍석 위에 가방을 베개 삼아 누웠다. 옹이가 빠진 판자 구멍으로 들어온 햇살이 빗금으로 두개의기둥 얼굴에 내려앉았다.

눈이 부시다. 온몸이 나른해진다. 두개의기둥이 스르르 눈을 감았다. 전 장군이 뜨거운 누룩을 옆 멍석에 퍼 나르자 더운 열기가 온몸로 뜨겁게 번진다. 마치 포근한 이불을 덮은 듯하다.

두개의기둥은 깊은 잠에 빠졌다.

사방은 어둡다. 두개의기둥이 **나라**초등학교로 가고 있다. **나라**초등학교는 침묵으로 덮인 성채 같다.

두개의기둥이 늙은 플라타너스 터널에 이르자 두려움이 온몸에 엄습한다. 플라타너스들이 검은 연기처럼 스멀대며 두개의기둥을 빨아들일 듯하고, 때로는 거대한 장승처럼 성큼성큼 다가와 멱살을 잡을 듯하다.

두개의기둥은 되도록이면 나무들을 보지 않기로 했다. 어깨를 움츠리고 엉금엉금 기어보지만 두려움이 풍선처럼 부풀고, 검은 그림자가 흉측한 손으로 발목을 잡는 듯하다.

멀리서 뚜벅뚜벅 발짝 소리가 들린다. 아마도 작전에 투입된 아이들일 게다.

보이는 건 아무것도 없다. 다만, 발자국 소리만 점점 가까이 올 뿐이다.

무서워할 것 없어. 뒤엔 친구들이 오고 있잖아. 플라타너스 터널만 지나면 운동장이다. 용기를 내자!

두개의기둥이 허리를 펴고 앞을 보는 순간, 제 키보다 훨씬 큰 그림자 하나가 길 한가운데를 가로막고 우뚝 서 있다.

"이이고, 엄마! 누구……세요?"

두개의기둥이 기어들어가는 소리로 물었다. 그러나 실제로는 목소리가 그림자에게 전달되지 못한 모양이다. 검은 그림자는 아무 대꾸도 없이 천천히 앞으로 걸어온다.

한 걸음, 두 걸음. 이윽고 그림자가 멈춰섰다.

"이놈! 두개의기둥!"

그림자의 일갈이다.

두개의기둥이 두려움에 떨며 고개를 드니 지진도마뱀이다.

"아이고…… 놀라라."

"어디를 가느냐!"

"운…… 동…… 장에……."

"이 밤중에 운동장에 가는 이유가 뭐야?"

"작전 때문에."

"무슨 작전?"

"꾸야."

"꾸야가 뭔데?"

"말할 수 없어. 비밀이야."

"비밀을 말해봐. 그렇지 않으면 못 간다."

이때 뒤에 따라오는 아이들의 발자국 소리가 한결 가까워졌다. 폭군도마뱀, 새벽의약탈자와 읍내 아이들일 것이다.

뚜벅뚜벅, 뚜벅뚜벅.

용기를 내야 해. 뒤에 친구들이 오고 있잖아. 지진도마뱀이 뭐라고…….

"나는 가야 해. 왜 못 가게 하는 거지?"

"'꾸야'라는 작전이 이상해. '꾸야'가 뭔지 밝히기 전에는 아무도 갈 수 없어."

"비밀이란 말해서는 안 되는 거야. 제발 비켜줘. 나는 가야 해."

"꼭 가야 한다면 싸움의 기술, 대련으로 나를 이기고 가라!"

지진도마뱀은 팔짱을 낀 채 요지부동이다. 자세히 보니 지진도마뱀 뒤에도 몇 개의 그림자가 보인다. 그림자들은 사금파리를 들고 히죽히죽 웃으며 길 위에 낯익은 금을 긋고 있다. 일ㅂ자 모양의 싸움의 기술 대련 모형이다.

언제 왔는지 새벽의약탈자와 폭군도마뱀이 등 뒤에 바짝 붙어 있다.

"비밀을 말해선 안 돼!"

"시간이 급해. 어서 붙어."

"너는 이길 수 있어. 힘 내! 뒤에는 우리가 있다."

지진도마뱀이 자기 칸에 들어가 주먹에 침을 바른다. 새벽의약탈자와 폭군도마뱀이 두개의기둥을 지진도마뱀의 반대 칸으로 밀어넣었다. 대련 모형에 들어가 있는 두 아이의 모습은 참새와 두루미 같다.

"자, 두개의기둥! 공격해봐!"

"흥, 너는 그냥 가만히 서 있기만 할 거니? 대련은 그런 게 아닌데."

새벽의약탈자가 말했다.

"두개의기둥쯤이야 식은 밥 물 말아 먹기지!"

지진도마뱀이 두개의기둥의 부아를 돋운다.

"자, 덤벼라. 두개의기둥!"

두개의기둥이 두 주먹에 침을 묻히고 한쪽 다리를 빙글빙글 돌리기 시작했다.

"돌리는 발가락에 힘을 넣어!"

"주먹을 펴면 안 돼!"

"싸움은 눈으로 하는 거야. 한눈팔지 말고……."

"먼저 공격하는 걸 잊지 마라. 싸움은 이기는 게 장땡!"

두개의기둥은 화를 참지 못하고 있는데, 뒤에서 보내는 응원이 가슴을 더욱 뜨겁게 한다. 지진도마뱀은 비실비실 웃으며 바위처럼 서 있다.

'나쁜 놈. 힘은 좀 세게 생겼는데……. 내가 저놈을 이길 수 있을까? …… 화평을 제안해? 아니다. 여기서 물러날 수 없어! 싸움은 선택의 문제가 아니다. 이기든 지든, 결과만 있을 뿐이다.'

두개의기둥이 불끈 쥔 주먹에 침을 한 번 더 바르고 눈심지에 불을 당겼다. 지진도마뱀은 여유가 있는 듯, 희죽거리며 먼 산을 보고 있다.

'때를 놓치면 안 돼. 기회는 두 번 오지 않는 법.'

그 순간, 두개의기둥이 냅다 오른발을 뻗었다. 계획대로라면 이 발은 지진도마뱀의 사타구니에 명중해야 한다! 그런데 웬걸, 뻗은 발이 사타구니는커녕 헛발질이 되어 공중으로 휘익 치솟고, 왼발마저 허공에 매달려 오른발을 쫓아가고 있지 않은가!

'어라! 이건 뭐야. 내가 힘을 너무 쓴 탓인가?'

두개의기둥의 몸이 풍선처럼 공중으로 올라가고 있다.

'아뿔싸! 이건 아닌데.'

이제 두개의기둥의 탄탄한 두 기둥은 아무 쓸 짝이 없이 공중에 허우적대고 있다.

밑을 보니 지진도마뱀이 하늘을 보며 삿대질하는 모습이 보인다.

"야, 뭐야. 비겁한 놈! 어서 내려와!"

"네가 피한 거니?"

"내가 왜 네깐 놈의 공격을 피하겠니. 어서 내려와, 덤벼!"

'아, 내 몸이 내 마음 같지 않구나. 나는 어디로 가는 거지?'

두개의기둥의 몸은 점점 더 올라만 가고 있다. 내려가려고 발버둥칠수록 엉덩이에서 하얀 연기를 내뿜으며 몸은 더욱 치솟을 뿐이다.

얼마를 떠올랐는지, 지진도마뱀의 모습은 보이지 않고 **나라**초등학교와 늙은 플라타너스가 작은 점으로 보인다.

"엄마야, 아빠야. 나 좀 살려줘!"

외쳐보지만 그 외침이 메아리로 돌아온다. 두개의기둥은 은하수의 한가운데에 있는 듯, 수많은 별들이 냇물처럼 흘러간다.

두개의기둥은 한없이 울었다. 눈을 떠나 볼에 흐르던 눈물이 별에 떨어지자 별은 더욱 영롱한 빛으로 반짝인다.

어떻게 하지? 지진도마뱀은 내가 도망한 줄 알겠지? 난 도망한 게 아닌데. 억울하다. '꾸야' 작전은 어떻게 될까. 나 때문에 실패하면 그 원망을 어째?

이렇게 걱정하고 있는데 저쪽 하늘에서 큰 별 하나가 두개의 기둥 쪽으로 날아오고 있다. 가까이 오니 별이 아니고 새이다. 망망대해에서 섬을 만난 듯 반갑다.

두개의기둥은 새를 향해 몸부림치며 구조신호를 보냈다.

"새님, 나 좀 도와주세요!"

아마도 멀리 있는 새가 두개의기둥의 신호를 알아챈 듯, 방향을 돌려 두개의기둥 쪽으로 날아오고 있다. 새가 가까이 날아오자 두개의기둥은 소스라치게 놀랐다. 두 손으로 치마 끝을 잡고 날고 있는 고대의날개였던 것이다.

"고대의날개!"

"두개의기둥!"

"너는 멋지게 날고 있구나, 새처럼."

"응, 날개가 있으니까."

"어디 갔다 오는 거니?"

"외할머니 댁에."

"외할머니 댁이 별나라인가 보지?"

"글쎄, 꽃밭에 수많은 별이 달려 있기는 해."

자세히 보니 고대의날개는 입에 작은 통을 물고 있다.

"입에 물고 있는 게 뭐니?"

"할머니의 선물. 루즈라는 거야."

"입술에 빨갛게 바르는 거니? 너는 아직 그걸 바를 나이가 아니잖니?"

"이건 빨간 루즈가 아니고 하얀 루즈야. 약으로 바르는 거래."

"어디가 아픈데?"

"아픈 건 아니고……, 이걸 바르면 잃어버린 것이 다시 생긴다는구나."

"아까는 미안. 생각해보니 입술은 잃어버리는 게 아냐."

"괜찮아. 나는 벌써 잊었단다."

"별나라에서만 효과가 있는 약이 아니었으면 좋겠구나."

"고마워. 그런데 두개의기둥, 너는 날개도 없이 어떻게 하늘에 있는 거니?"

"그건 나도 몰라. 갑자기 떠올랐을 뿐이야."

"가만히 보니 너는 날고 있는 게 아니로구나. 배가 풍선처럼 부풀어 떠오르고 있는 거야."

"지금도 올라가고 있니?"

"그래, 분명히! 더 올라가면 태양이 가까

워져서 몹시 뜨거울 텐데. 네 몸이 검게 탈지도 몰라."

고대의날개는 착륙준비를 하고 있는 듯, 고추잠자리처럼 공중을 선회하더니 치마 끝을 둥글게 말기 시작한다.

"내려갈 참이니?"

"응."

"나는 어떻게 하지?"

"올라올 때 어떻게 올라왔는지 잘 생각해봐."

"확실히는 몰라. 헛발을 찼는데 그대로 올라온 것 같아."

"올라오는 것은 쉽단다. 내려가는 게 문제지. 네가 어떻게 올라왔는지는 모르겠다만, 내려갈 때는 날개가 있어야 해."

"너랑 같이 내려갈 수는 없을까? 나 좀 살려줘."

"미안하구나. 나는 내 몸에 맞는 날개밖에 없어. 내가 만약 네 손을 잡아주면 날개가 약해 나마저 떨어지고 말 거야."

고대의날개는 미안한 표정을 지으며 돌아서더니 아래로, 아래로 멀어져 간다. 두개의기둥의 몸은 점점 뜨거워지고 있다.

태양이 가까워진 모양이다. 이제 곧 두개의기둥은 이글이글 타는 태양에 검게 타서 죽을지도 모른다. 두개의기둥은 사라져 가는 고대의날개를 향해 온몸을 뒤틀며 울부짖었다.

"아, 고대의날개!"

그 순간 푸른 하늘이 검게 변하고 하얗게 두 동강으로 갈라졌다. 그리고 그 틈 사이에서 붉은 꽃잎이 한없이 치솟더니 불꽃이 사그라들자 하얀 쌀 알갱이로 변해 뜨겁게, 뜨겁게 두개의기등 얼굴로 우수수수 떨어진다.

"앗 뜨거워! 아, 두개의기둥 좀 살려주세요!"

두개의기둥이 뜨거운 누룩이 널린 멍석으로 굴러 허우적거리자 전 장군이 다급히 뛰어와 두개의기둥을 안아 들었다.

"하늘이 무너지고 있어요. 아, 뜨거워! 태양이 터져서 불꽃이……, 너무 뜨거워요."

두개의기둥은 제 정신이 아니다. 허우적거리며 내뻗는 손이 얼굴에 뜨겁게 눌어붙은 누룩을 떼는 것인지 구멍난 벽으로 새어들어오는 햇살을 가리는 것인지 분간이 되지 않는다.

2부

변한다는 것

나라초등학교 교무주임은 언제나 다른 선생님들보다 먼저 출근해서 당직교사를 만난다. 그리고 지난 밤 무슨 일이 없었는지를 확인한 다음 운동장과 교사, 학교 주변을 점검한다.

어느 날 아침, 하늘이 잔뜩 흐려 곧 비나 눈이 올 기세였다. 교무주임은 삐쩍 마른데다 신경질적이었지만 학교를 위하는 데에는 교장 선생님에게도 지고 싶지 않은 사람이다. 당직인 네모메기 선생님을 만나 일지를 확인한 다음 빠른 걸음으로 교사 주변을 훑었다.

당직실 앞에 쌓인 솔방울 더미가 걱정이다.

곧 눈비가 올 텐데, 포장을 덮어야겠군.

수첩에 메모를 한 다음 교사 끝에 있는 화장실을 돌아 운동장과 마주한 교사 앞 쪽으로 향했다.

교사 맨 끝에 4학년 교실이 있다. 교무주임은 4학년 교실 유리창을 보고 소스라치게 놀랐다. 여섯 열, 삼 층으로 된 유리창들이 완전히 박살나고, 입구가 무너진 동굴처럼 교실 내부가 흉측한 속살을 드러내었다.

이것은 자연현상이 아니다. 날씨도 그랬지만, 우박이나 폭풍으로는 4학년 유리창만 저렇게 박살낼 수는 없지.

도둑놈의 소행도 아니다. 어린 학생들의 교실에 훔쳐갈 것이 무엇이 있겠는가. 정신이 나간 도둑놈이 아니라면 생각조차 할 수 없는 일이다.

교무주임은 멍하니 서서 4학년 교실의 박살난 유리창만 보고 있다. 꼬장꼬장한 얼굴에 주름살이 꼬였다. 그 옆에 허겁지겁 달려온 네모메기 선생님도 할 말이 없는 듯, 붉힌 얼굴을 숙일 뿐이다.

난처하기는 교무회의를 주관한 교장 선생님도 마찬가지이다. 머리를 좌로 괴고 우로 괴며 심사숙고하건만 도무지 알 수 없는 사건이다.

"허허 참. 백주 대낮에 일어난 일은 아니오만, 어찌 이런 일이……. 네모메기 선생님이 당직 선생님이셨죠?"

"예……."

"어제 저녁 상황을 말씀해보세요. 한 교실의 유리창이 몽땅 박살났다면 그 소리가 꽤 요란했을 텐데?"

"죄송합니다만, 어제는 주변이 쥐죽은 듯 고요했습니다."

네모메기 선생님이 낮은 목소리로 변명했다.

"혹시 선생님이 주무신 건 아닙니까?"

"절대로! 지금도 손에 쥐고 있습니다만, 저는 어젯밤 한숨도 자지 않고 괴테의 『젊은 베르테르의 슬픔』을 읽었습니다. 교장 선생님도 아시다시피 이 책은 아주 조용한 가운데 읽을 수 있는 책이고, 당직실 밖도 역시 조용했지요."

"쯧쯧, 나는 그 책을 열일곱 살에 읽었어요. 지금 네모메기 선생님의 나이가 몇인데?"

교장 선생님이 네모메기 선생님에게 말하자 네모메기 선생님의 표정이 묘해진다.

"오, 사랑스런 샤롯데! 저는 그 책을 열다섯에 읽었답니다."

끼어드는 따오기 선생님. 따오기 선생님은 새치기의 명수이다.

이때 교무주임이 짜증스런 기색으로 나섰다.

"괴테의 『젊은 베르테르의 슬픔』? 저는 아직도 읽지 못했습니다만."

"오호, 그래요?"

교장 선생님이 교무주임에게 한 말이지만 교장 선생님은 따오기 선생님을 바라보고 있다. 눈꼴이 시다.

"그게 4학년 유리창이 깨진 것과 무슨 상관입니까?"

"아, 그렇지. 아무리 좋은 책이라 할지라도 당직자가 책을 보는 것은 좋은 일이 아닌 것 같소."

"여러분도 잘 아시다시피, 유리창 깨지는 소리는 울림이 적고 카랑카랑한 여인의 비명 같아서 제가 듣지 못한 듯합니다. 까치가 아닌, 까마귀의 울음 같았다면 제가 들었을 텐데……."

시선이 공중에 떠 있는 네모메기 선생님의 사설이 길다.

회의장이 약간 어수선했다. 교무주임이 수첩을 꺼내 사고현황, 추정 손해액 등을 설명하는데 새벽의약탈자를 비롯해 아홉 명이 교무실 문을 열고 들어왔다. 그들은 교장 선생님 앞에 무릎을 꿇더니 서로의 동작을 살피며 눈물을 훔쳤다. 새벽의약탈자는 엉엉 울기까지 했다.

아홉 명을 대표해서 새벽의약탈자가 사건의 전말을 자백했다. 4학년 교실의 유리창은 우박도, 도둑놈도 아닌 4학년 읍내 아이들이 저녁 나절에 야구 연습을 하던 중 우연히 발생한 사고였다.

한 학급 교실 유리창이 모두 깨졌으니 우연 치고는 기묘한 우연이다. 그러나 어찌 하겠는가. 학생들이 체력단련 중에 일어난 일인데.

교무주임의 설명에 의하면 **나라**초등학교는 보수유지비뿐만 아니라 예비비도 바닥난 터여서 4학년 교실의 유리창은 당분간 새 유리창으로 끼울 수 없다.

"학교의 손실보다는 학생들의 호연지기가 우선이오. 허허허허! 자, 학동들아, 일어나라!"

교장 선생님의 인자한 말씀에 아이들이 일제히 일어났다. 아이들이 돌아간 다음 교무회의에서는 의견이 분분했다. 아무리 야구연습을 했다지만, 어떻게 한 교실의 유리창을 모두 박살낼 수 있는가. 경찰에 수사를 의뢰하자는 선생님, 자체 조사위원회를 구성하자는 선생님도 있었다.

그러나 대부분의 선생님들은 교장 선생님의 의견에 따라 이 사건을 불문에 붙이기로 했다.

예산이 확보될 때까지 4학년 교실은 기름을 먹인 검은 종이에 비닐을 입혀 유리창 대용으로 설치했다. 멀리서 보면 검게 빛나는 유리창처럼 보였지만 밖을 볼 수 없는 벽이었다.

바람이 통하지 않아 추운 겨울에도 온기가 유지되었지만 절전을 위해 쉬는 시간에도 불을 끄니 엉금엉금 기어다닐 정도로 어두운 게 흠이었다. 이렇게 되자 여학생의 치마를 뒤집어 올리고 도망하는 아이, 남의 숙제장에 칼집을 내는 아이, 심지어는 저고리 뒷단에 구멍을 내는 등 어수선한 진풍경이 벌어졌다.

어둠은 감각을 통해 느껴진다. 인식의 문제와 달리 가르침으로 배울 수 있는 게 아니다. 스스로 체득될 뿐이다.

그런데 아이들은 감각을 통해 느껴야 할 것들도 인식체계를 통해 느끼려 하는 습관이 있다. 이것은 훈육으로부터 길들여진 것이다.

이때의 느낌은 감각을 통한 느낌처럼 순수하지 않다.

아이들은 점점 어둠에 익숙해지면서 '두개의기둥'이 '두개의 기둥있으나마나'와 같다는 걸 깨닫는다. 연상되는 모습이 같은데 길게 부를 까닭이 어디에 있겠는가.

하기는, 밝은 곳에서라면 구태여 이름을 부를 필요가 없다. 손짓, 발짓만으로도 부르고 싶은 사람을 부를 수 있으므로.

그래서 이름 명名 자가 저녁 석夕 자 아래에 입 구口 자가 붙어 있는가 보다.

이렇게 해서 4학년 아이들은 각기 옛날의 이름으로 돌아갔다.

고대의날개잃어버린입술이 고대의날개로, 새벽의약탈자허풍쟁이는 새벽의약탈자로!

읍내를 오래 떠났던 사람과 낯선 노파가 읍내에 나타났다.

한 사람은 대장간 조수였다. 총기사건 이후, 교육위원회가 있는 도시의 감옥에 있다가 왔다는 사람도 있고 여러 도시를 정처 없이 헤매다 왔다는 사람도 있다.

그는 또 다시 대장간 조수 일을 시작했다. 풀무질을 하거나 망치로 모루 위 쇳덩어리를 두드리는 모습을 보면 예전보다 훨씬 야윈 모습이다. 팔뚝도 가늘고 알통도 없다. 그런데 이보다 더 변한 건 말수도 적고 웃음을 잃은 것이다.

폭군도마뱀과 두개의기둥이 대장간 기둥 뒤에서 이 모습을 훔쳐보고 있는데 전 장군이 똥장군을 지고 왔다.

"불쌍해라."

"옛날 모습이 아니다!"

폭군도마뱀과 두개의기둥이 대장간 조수를 보며 소곤대었다. 그러나 전 장군은 고개를 살래살래 흔들었다. 대장간 조수가 전혀 변한 게 없다는 듯.

"아저씨 생각은 참 이상해요. 대장간 조수의 얼굴을 보세요. 광대뼈가 툭 튀어나왔잖아요?"

폭군도마뱀이 나직이 속삭였다.

"그래, 고생이 많았던 게로구나."

"정강이도 마르고……."

"부지깽이 같구나."

"그런데 변한 게 없다니, 말이 돼요?"

두개의기둥이 덤빌 듯 전 장군을 쏘아보았다. 전 장군이 멀뚱히 두 아이들을 내려다본다.

"폭군도마뱀, 네 목표가 뭐냐?"

"저요? 음, 아버지처럼 읍내 유지가 되어서 국회의원이 되고 싶어요."

"그래? 훌륭한 목표를 가졌구나."

"그건 왜 묻죠?"

"내가 알기로 너는 지난 번 한 차례만 빼고 쭉 일등만 했지?"

"당근이죠. 공부를 너무 잘해서 폭군도마뱀인 걸요!"

두개의기둥이 마치 제가 공부를 잘하는 것처럼 으스대며 말했다.

"나도 안다. 폭군도마뱀, 일등을 하려면 무척 힘이 들지?"

"남보다 일찍 일어나고 늦게 자야 해요."

"그런데 왜 그렇게 힘들여 공부를 하니?"

"그래야 국회의원처럼 훌륭한 사람이 될 수 있으니까요."

"네가 공부를 열심히 하는 거나 대장간 조수가 땀을 뻘뻘 흘리며 풀무질을 하는 거나 같은 거란다. 폭군도마뱀은 국회의원이 되기 위해 열심히 공부를 한다. 그런데 대장간 조수의 목표는 무엇일까?"

"…… 대장간 주인?"

"아마, 그럴 게다. 그런데 말이다. 대장간 조수가 목표를 바꿨다는 말을 들은 적이 있니?"

"없어요!"

"그러니 변한 게 없는 거지. 사람은 동물과 달라서 목표가 바뀌어야 변하는 거란다."

대장간 밖에서 전 장군, 폭군도마뱀, 두개의기둥이 무슨 이야기를 하는지 알 길이 없는 대장간 조수가 모루 위에 망치를 걸치고 세 사람을 물끄러미 보더니 이마에 흐르는 땀을 훔쳤다.

왠지 서글픈 표정이다.

아침저녁으로 미장원 앞 행길에 물을 뿌리고 비질을 하는 할머니는 낯선 방문자였다. 허리가 구부러진 이 할머니는 언제나 하얀 치마저고리를 입고 곱게 빗은 머리에 비녀를 꽂고 있어서 읍내 사람들의 눈길을 끌었다. 누가 봐도 미장원에서 일하는 할머니의 모습이 아니었다.

이 할머니가 읍내에 온 첫째 날. 대장간 조수가 밤길에 손전등을 들고 미장원 앞을 지나다 이 할머니를 보고 놀라 자빠졌다.

"아이쿠, 놀라라!"

대장간 조수가 큰 허우대를 가까스로 추스르고 일어나 조인 가슴을 쓰다듬으며 손전등을 노파에 비췄다. 노파는 꿈쩍도 않고 미장원 계단에 쭈그리고 앉아 있었다. 머리를 한쪽으로 괴고 있는 모습이 몹시 쓸쓸해 보인다.

"할머니. 간이 떨어져 나간 줄 알았습니다!"

"쯧쯧. 왜 간이 떨어져 나가는가요?"

"미장원 하고는 너무도 맞지 않는 모습이라서……."

"미장원 주인인 내 딸이 파마를 해야 한다고 난리요만, 나는 그 모습이 싫어요."

"저는 귀신인 줄 알았지 뭡니까?"

"내가 봐도 내가 귀신 같기는 하오. 호호호호."

그 후, 밤이 되면 미장원 앞에 하얀 소복을 입은 할머니 귀신이 앉아 있다는 소문이 읍내에 퍼지기 시작했다.

두개의기둥은 이 할머니 귀신이 별나라에서 살고 있는 고대의날개의 외할머니일지도 모른다고 추측했다. 이 생각을 전 장군에게 전하자, "별나라에서 왔다고? 네가 잠꼬대를 하는구나."라면서 전 장군은 노파가 미장원 여주인의 개가한 엄마인지도 모른다고 말했다. 두개의기둥은 이에 동의하지 않았다.

저녁을 먹고 주위가 어둑어둑할 때 두개의기둥이 미장원에 나타났다. 소문대로 하얀 옷을 입은 할머니가 빗자루를 겨드랑이에 끼고 미장원 계단에 앉아 있었다.

할머니는 눈이 아팠던 참이어서 딸이 안약인 줄 알고 준 티눈약을 눈에 넣은 후 찌릿찌릿 아픈 눈을 뜨지 못하고 있었다.

"할머니, 별나라에서 오셨죠?"

할머니가 눈을 떠 보니 앞이 보이지 않는다. 웬 어린 녀석이 바짝 붙어 있다는 느낌이 들 뿐이다.

"할머니, 별나라에서 오셨죠?"

두개의기둥의 반복된 물음이다.

"뭐, 벌이라고? 내가 벌집에서 왔다는 말이냐?"

"아니, 벌이 아니고 밤에 뜨는 별! 별나라에서 오셨냐고요?"

"아~ 아. 별……, 별내星川라고 하는 곳에서 왔다마는, 맑은 날이면 별이 냇가에 지천으로 떠 있기는 하지. 왜 묻는 게냐?"

"고대의날개 외할머니시죠?"

"그렇단다. 그런데 너는 누구냐?"

"고대의날개 친구, 두개의기둥이에요."

"오, 그래? 두개의기둥이라고? 내가 본 읍내의 집들은 모두 기둥이 네 개이던데, 너는 두개의기둥뿐이냐?"

"이름이 그럴 뿐이에요."

"하여튼, 다리가 튼튼해야겠구나."

"그럼요. 튼튼하고말고요. 친구들이 저를 뚱뚱보라고 놀릴 정도로!"

"오라, 이 할미가 사는 동네에 홍살문이 있는데, 기둥이 두 개였단다. 기둥이 두 개뿐일 때는 기준을 잘 잡아야 한단다."

"할머니."

"왜 그러니?"

"별나라와 여기는 뭐가 다른가요?"

"글쎄다. 내가 살던 동네에선 안약과 티눈 약을 구별하지 못하지는 않는단다."

"그게 무슨 뜻이죠?"

"사람 사는 세상에서는 찬밥과 더운밥은 구별해야 한다는 게다."

"모르겠어요. 저는 그게 무슨 뜻인지……."

"그래? 너는 천천히 알아도 된단다. 어디, 두개의기둥아. 네 다리를 이 할미가 한번 만져봐도 되겠니? 얼마나 튼튼한지."

"그럼요."

고대의날개 외할머니가 두 손을 내밀어 더듬거리며 두개의기둥의 두 다리를 쓰다듬었다.

참 따뜻한 손길이다. 온기가 다리에서 가슴으로 수증기처럼 올라온다. 두개의기둥은 별에서 사는 사람들이 지구에서 사는 사람들과 체온이 다르다는 것을 알았다. 아마도 티눈 약과 안약의 차이도 그런 것일 것이다. 읍내가 별에서 온 할머니로 하여 더욱 따듯해지면 얼마나 좋을까.

세모빠가 선생님은 모습도, 마음씨도 세모에 가까웠다. 어느 날인지는 모르지만, 세모빠가 선생님의 얼굴이 둥글게 변하기 시작했다. 머릿기름을 바른 후부터 제멋대로 뻗은 머릿결이 가지런해졌고 덩달아 얼굴도 둥글어졌다.

나라초등학교 선생님들과 세모빠가 선생님이 담임을 맡고 있는 학생들은 세모빠가 선생님의 마음씨도 둥글기를 바랐다.

이 무렵, 세모빠가 선생님과 따오기 선생님이 결혼을 발표했다. 두 사람은 **나라**초등학교의 소문난 견원지간이었다. 세모빠가 선생님은 따오기 선생님이 말이 많은 것을 싫어했고, 따오기 선생님은 세모빠가 선생님의 거칠고 여자를 업신여기는 태도를 못마땅해 했다.

선생님들은 두 사람이 결혼을 하게 되면 불행해질 거라고 믿었다.

읍내 빵집에서, 한티보 죽방에서 두 사람이 다정히 걷고 있는 모습을 여러 차례 보았던 학생들의 의견은 달랐다.

그런데 두 사람이 결혼을 발표한 다음부터 두 사람의 태도에 많은 변화가 왔다. 복도를 마주 지날 때 보면 두 사람 사이가 찬바람이 불 정도로 차가웠다. 따오기 선생님은 세모빠가 선생님을 일부러 외면했고, 세모빠가 선생님도 평소와는 달리 하늘을 보고 비실비실 웃고 휘파람을 불며 지나가기 일쑤였다. 이 모습을 본 학생들은 미움이나 증오도 사랑의 일종이라고 생각했다.

교장 선생님이 술과 담배를 끊었다. 출근할 때면 사모님이 오렌지캐러멜 다섯 개를 준다. 선생님들은 교장 선생님이 오렌지캐러멜을 먹을 때 가장 행복해 보인다고 말한다.

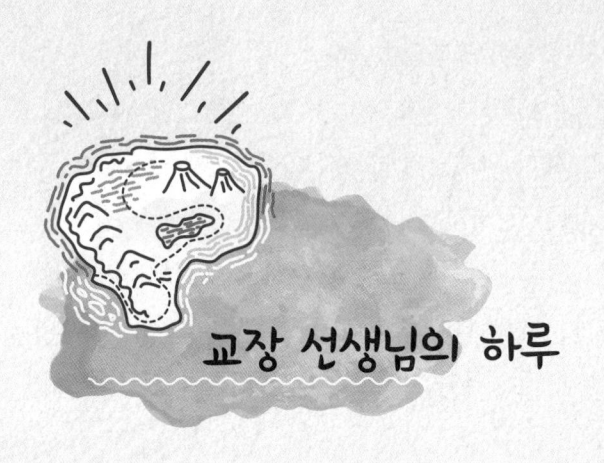

교장 선생님의 하루

　　금연한 지 일주일째 되던 날. 아침을 먹고 학교를 향한 교장 선생님은 왠지 허전하다.

　　교장 선생님은 저고리 왼쪽 호주머니에 넣어 둔 다섯 개의 오렌지캐러멜을 만져본다. 예삿날과 같이 아내가 사립까지 나와 손에 꼭 쥐어준 오렌지캐러멜 다섯 개이다. 허전함 속에 위안이 되는 물건이다.

　　그는 여느 때처럼 탱자나무 울타리로 감싼 과수원 길을 지나 학교 후문으로 통하는 좁은 길을 따라 천천히 걸어간다. 길 양쪽엔 초겨울의 앙상함이 묻어 있다.

　　파란 하늘을 보니 동쪽 끝이 희고 길게 구멍이 뚫려 있다. 마치 하늘이 동쪽으로 기운 듯하다. 이건 무슨 징조일까?

　　담배를 끊기 전, 교장 선생님은 하루 평균 열다섯 개비의 담배를 피웠다. 아내가 준 오렌지캐러멜 다섯 개는 담배의 대용이다.

"참으세요. 인내하셔야 해요. 담배가 건강보다 소중하겠어요? 첫 번째도 참고, 두 번째도 꾹 참으셔야 해요. 세 번째는 정말 참기 힘들겠죠. 그때만 오렌지캐러멜 하나를 드세요. 아셨죠?"

아내가 오렌지캐러멜 다섯 개를 줬을 때 고개를 끄덕인 게 후회된다. 손끝이 찌릿찌릿하고 불안했지만 남편의 건강을 위해 제안한 아내를 미워할 일은 아니다.

자, 어떻게 할까? 담배 세 개비가 오렌지캐러멜 하나와 같다. 계획을 세워야 한다. 담배를 피울 때도 건성일 때와 절실할 때가 있을 게다. 하여튼 '세 개비를 피울 즈음에 오렌지캐러멜 하나를 먹어야겠지', 생각하며 걷다 교장 선생님은 웅덩이에 발을 헛디뎌 크게 넘어질 뻔 하기도 했다. 그때 불현 듯 떠오르는 생각이 "내가 왜 담배를 피웠지?"라는 물음이다.

고등학교 1학년 때이다. 그는 키만 멀대같이 큰 순둥이었다. 그 당시 담배와 술은 그와는 다른 세상에 있는 물건이었다.

그의 반에는 삐뚤이하늘이라는 친구가 있었다. 양말도 삐뚜로 신고, 모자도 삐뚜로 쓰며 가방도 삐딱하게 메고 다니는 친구인데, 무시로 하늘을 보고 다니는 버릇이 있어 붙여진 이름이다.

어느 날, 이 삐뚤이하늘이 교장 선생님을 이끌고 학교 뒷산 언덕에 올랐다. 파란 하늘 아래 경찰서, 군청 건물이 그림처럼 내려다보이는 언덕이었다. 거기, 바위에 걸터앉아 삐뚤이하늘이 모자를 거꾸로 돌려 쓰더니 담배갑 뒤통수를 톡톡 두드려 담배 한 개비가 스프링처럼 튀어나오게 하였다.

"햐~!"

삐뚤이하늘이 담배를 삐뚜로 물어 불을 붙였다. 교장 선생님
이 보기에 이 모습은 마술처럼 신기했다.

"너, 담배 피니?"

"응, 최근에 배웠지. 약에 쓰려고."

"담배를 약으로 쓴다고?"

"너 내 애인 알지?"

"약국 딸, 중 삼 애 말이니?"

"응, 그 애에게서 싫증이 나서 떼어내려고 배운 거야."

"담배로 애인을 떼어낸다고? 그게 무슨 말이니?"

"불량 학생처럼 보이려고 지난 번 빵집에서 만났을 때 줄 담
배를 피워버렸어!"

"상급생 형들도 있었을 텐데?"

"이미 예상했던 일인데 뭘. 형들이 날 쏘아보더군."

"그랬더니?"

"그 애가 말하더군. 담배를 피워선 안 된다고. 피우지 말라고."

"그래서?"

"담배뿐만 아니라 술도 마신다고 그랬지."

"일부러 그랬단 말이지?"

"응. 그 애 말이 지금은 공부를 해야 할 때라고, 술 담배는 대
학에 가서 배워도 늦지 않다면서, 저를 선택하든지 담배를 선택

154

하든지 둘 중에 하나를 고르라더군."

"담배를 선택했니?"

"응, 나는 공부가 싫으니 네 마음대로 하라고 그랬지. 그랬더니 엉엉 울며 빵집을 뛰어나가더라."

"헤어진 거야?"

"응. 그 뒤에 연락이 없어. 내 작전이 성공한 거지."

삐뚤이하늘이 담배 한 모금을 깊게 들이마신 다음 연기를 파란 하늘에 내뱉었다. 하얗고 파란색이 감도는 연기가 뭉게뭉게 하늘로 퍼졌다.

삐뚤이하늘은 마치 그 연기가 제 가슴에 뭉쳐 있던 응어리이기라도 한 듯 휘휘 저어 멀리 보냈다.

"너도 펴볼래?"

"아니, 나는 아직⋯⋯."

삐뚤이하늘이 또 담배 연기를 뿜어내자 연기가 너울너울 교장 선생님 쪽으로 날아왔다.

"속 쓰리지 않아?"

"돈과 사랑, 명예를 다 태우는 것인데, 속이 좀 쓰리기는 하겠지."

"뭐? 돈과 사랑, 명예라고?"

"우리 아버지가 한 말에 사랑이란 말을 더 넣은 거야."

머지않아 **나라**초등학교 뒷문이다. 지금은 교육위원회가 있는 도시에서 사업을 하고 있다는 삐뚤이하늘이 보고 싶다.

교장 선생님이 호주머니에서 오렌지캐러멜 하나를 꺼내 입에 홀딱 넣었다. 달고 새콤한 맛이 혀끝을 감돈다. '아이쿠, 이놈이 담배 세 개비분인데'라고 깨달았을 때는 이미 오렌지캐러멜을 질겅질겅 씹은 후였다.

교장 선생님은 피식 웃었다. 엎질러진 물인데 어찌하리.

그리움이라는 것도 담배를 피우는 이유 중에 하나인가 보다.

교장 선생님은 군대에서 처음 담배를 피웠다. 남과 북이 첨예하게 대립해서 언제 전쟁이 일어날지 모르는 시기였다. 교장 선생님의 기억이 맞는다면 그때 군대에서 하루 열 개비의 담배를 배급했다.

담배를 피우지 않던 교장 선생님은 담배를 관물대에 고스란히 모으기만 했다. 열 개비가 스물이 되고, 스무 개비가 백 개비로 늘자 담배가 관물대를 차지하는 비중이 커졌다.

재산도 창고가 부족할 정도로 쌓이면 고민이 되는 법이다. 훔쳐가는 병사가 있는 듯하여 염려가 되는 한편, 담배가 모자라는 병사는 건빵과 교환을 흥정하기도 했다.

교환조건은 장병들의 흡연욕구에 따라 달랐다. 어느 병사는 담배 한 개비에 건빵 다섯 개인가 하면, 어느 병사는 건빵 열 개를 제시한다. 담배를 재산가치로 친다면 대상에 따라 재산의 가치가 하늘과 땅 차이로 변했다. 이것은 순진하기 짝이 없는 교장 선생님을 혼란스럽게 했다.

'이럴 바엔 차라리 내가 담배를 피우는 게 낫겠어. 재산가치가 높든 낮든 내 스스로 쓴다면 그놈의 교환조건 때문에 손해 볼 일은 없으니까.'

그렇게 해서 피운 담배가 어느새 40년이 넘었다.

담배를 피우는 사람에게 그 이유를 물으면 긴장이 풀리고, 불안이나 분노, 욕구불만이 완화된다고 한다. 중독물질 때문에 담배를 피운다는 사람도 있다. 흡연을 하면 니코틴의 25%가 혈액에 흡수되고 7~9초가 되면 뇌신경을 자극해 마약에 취한 것처럼 황홀경에 빠진다고도 한다. 그러나 적어도 이 두 가지는 교장 선생님이 담배를 피운 까닭과는 멀다. 매일매일 배급받은 담배가 주체할 수 없이 많고 버리기엔 아까워서 피운 케이스이다. 담배를 끊어야 한다는 아내의 요구에 쉽게 응했으므로 중독될 만큼 담배가 절실한 것도 아니었다.

교육위원회에서 감사팀이 왔다. 감사 장소는 당직실 옆 공실로 정해진 모양이다. 교장 선생님이 학교에 도착, 당직실로 향하니 교무주임과 몇몇 선생님들이 집기들을 공실로 분주하게 운반하고 있었다.

교장 선생님은 교장실로 향하던 중 우연히 감사실로 향하던 감사팀장과 인사를 나눴다. 교장 선생님이 본 감사팀장은 세모빠가 선생님보다 더 뾰족한 인상이다. 차이가 있다면 감사팀장이 세모빠가 선생님보다 더 크고 세모진 얼굴이 왼쪽으로 약간 삐뚤어졌다.

교장 선생님이 교무회의 참석을 위해 교장실을 나서려는데 교무주임이 왔다. 근심이 가득한 표정이다. 교무주임의 말은, 세모빠가 선생님이 감사팀장을 좀 아는 눈치인데 감사팀장과 이런저런 말을 섞다가 교육위원회장이 교장 선생님 사모님의 육촌 오빠라고 너스레를 떨자 감사팀장의 눈에 쌍심지가 돋고 고개가 더욱 삐뚤어지더라는 거였다.

"세모빠가 선생님께서 시키지도 않은 말을?"

"세모빠가 선생님께 물으니 감사를 좀 부드럽게 하라는 뜻으로……."

"시골 학교 감사라는 게 뻔한데……, 세모빠가 선생님도 참!"

"아무튼 괜한 부스럼이 될지도 몰라서 걱정이……."

말끝을 흐리는 교무주임의 표정엔 개운함이 없다. 감사팀장의 표정에 나쁜 징조가 보였는지 모른다.

"쯧쯧 그것 참!"

교장 선생님은 교무주임의 소태를 씹은 듯한 인상을 보면서 자신도 모르게 호주머니로 들어가는 손을 멈추지 못하고 두 번째 오렌지캐러멜을 먹었다.

초등학교엔 선생님들이 상상하지 못하는 일이 자주 일어난다. 3교시가 끝난 후 휴식시간이었다. 유리창 대신 검은 종이로 차단한 4학년 교실이 어두워지자 아이들이 어둠에 익숙한 놀이로 야단법석을 떨었다. 이때가 되면 여학생 골탕 먹이기, 고문관 놀리기, 집단 따돌리기가 횡행한다.

교실이 왁자한 가운데 원시거북과 짝꿍이 서로 책상 경계를 사수하기 위해 안간힘을 쓰고 있다. 땅따먹기처럼 이어놓은 책상 끝을 경계로 서로 침범하지 않게 방어하는 놀이이다.

"넘어오지 마!"

짝꿍이 연필을 경계선 너머로 슬쩍 밀어넣자 원시거북이 밀어젖히며 앙잘거렸다.

"흠, 깜깜한데 경계선이 무슨 필요람!"

"어두워도 내 거는 내 거야!"

"네 거 내 거는 필요할 때나 구분하는 거야."

"너는 어둡다고 빨가벗고 사니?"

"그래 웬 상관이야?"

"난 상관 있어! 내 것은 내 것이고 네 것은 네 것이란 말이다!"

"히히히히. 네가 벗으면 나도 벗을게!"

"어머나! 애가 못 하는 말이 없어!"

"그래, 없다. 어쩔래!"

"나쁜 놈! 원시인!"

짝꿍은 연필뿐만 아니라 필통, 노트까지 우악스럽게 경계선 너머로 밀어젖혔다. 원시거북은 안간힘으로 방어선을 지키려 하였으나 역불급이었다. 힘이 센 남학생을 당해낼 재간이 없었다. 경계선이 밀리자 원시거북이 짝꿍의 팔뚝을 물어뜯었고, 짝꿍은 비명을 지르며 이에 질세라 연필로 원시거북의 허벅지를 세게 찔렀다.

"아이쿠, 엄마!"

원시거북이 자리에 풀썩 주저앉아 상처를 더듬어보니 붉은 피가 솟는 듯하다. 손에 물컹하게 잡히는 게 있다.

"얘들아, 남학생이 칼로 나를 찔렀어. 아이고 엄마. 이 피 좀 봐!"

이 사건은 남학생과 여학생의 난투극으로 이어졌고, 때마침 복도를 지나던 세모빠가 선생님이 교실에서 날아온 대나무 자의 모서리에 맞아 눈자위가 찢어졌다.

세모빠가 선생님은 피를 흘리며 읍내 보건소로 달려갔지만, 이 소식을 듣고 나타난 따오기 선생님이 이를 부득부득 갈며 사태에 불을 질렀다. 4학년 교실에 나타나 수업을 중지시킨 채 대나무 자를 던진 범인을 색출한다고 난리 법석을 떨고, 30분이 지나도 자백하는 아이가 없자 읍내 경찰에 신고하겠다고 으름장을 놓았다.

따오기 선생님이 분노를 삭이지 못하자 담임인 네모메기 선생님이 가장 답답했다. 경찰에 신고되면 학교의 체면이 말이 아니겠지만 담임의 처지가 얼마나 옹색해지겠는가. 손발이 저리게 빌어 따오기 선생님을 겨우 진정시켰다.

그러나 사실 겉모습은 태연해보였지만 네모메기 선생님 못지않게 교장 선생님도 좌불안석이기는 마찬가지였다.

교장 선생님이 보기에 따오기 선생님은 선생님의 위치를 망각할 때가 많다. 선생님이라면 감정만 앞세울 게 아니라 자기가 한 행동이 학교에 어떤 영향을 미칠지 차분히 생각해봐야 하거늘.

학생을 탓하자니 따오기 선생님이 너무한 것 같고, 따오기 선생님을 탓하자니 탓할 건더기가 뚜렷하지 않다. 이것이 교장 선생님을 참 불쾌하게 했다. 불쾌한 일은 순간을 삭이지 못하면 더욱 불거진다.

교장 선생님은 이럴 때 늘 담배를 피웠다. 그리고 천천히 숨을 내뿜으면서 불쾌한 일을 연기처럼 승화시켰다.

이에 비하면 네 번째 오렌지캐러멜은 교장 선생님이 호주머니에 손을 넣고 '흠, 이때는 담배를 피워야 할 때이군.'이라고 생각해서 꺼내 먹은 케이스에 해당한다.

원인은 교무주임이 제공했다. 그가 보고한 바에 의하면 정기 감사엔 통상 5~7명의 감사관이 오기 마련인데, 이번에는 11명이 온 것이다. 이례적인 일이다.

감사팀의 눈치를 살펴본 바에 의하면 이번 감사는 일반 감사가 아닌 특별 감사로 진정서나 민원, 내부고발을 했을 가능성이 있다는 것이다.

교육위원회의 **나라**초등학교 표적 감사라니, 감사팀장이 삐뚤어진 세모가 아니라 당랑거철 螳螂拒轍이군! 이것은 4학년

> **당랑거철 (螳螂拒轍)**
>
> 제 역량을 생각하지 않고, 강한 상대나 되지 않을 일에 덤벼드는 무모한 행동거지를 비유한 말. 중국 제나라 장공(莊公)이 사냥을 나가는데 사마귀가 앞발을 들고 수레바퀴를 멈추려 했다는 데서 유래한다.

교실의 책상 따먹기 사건과는 다른 미래의 불안이다.

불안은 연기처럼 아련하고, 아련한 것은 또 다른 연기를 부르는 법이다.

수업이 끝났다. 감사팀이 일과를 마쳤다는 소식을 듣고 교장 선생님은 책상을 대충 정리한 다음 정문을 나섰다. 읍내 기관장 회의에 참석하고 나면 오늘도 무사히 끝난다. 기관장이라고 해야 읍장, 우체국장, 보건소장, 파출소장, 의용소방대장뿐이다.

정문 앞 플라타너스 터널을 지나 신작로를 타고 10분쯤 걸은 다음 좁고 긴 다리를 건너면 읍내이다.

오늘 감사는 상견례 정도였다.

세모빠가 선생님의 실언 빼고는 괜찮은 편이야. 4학년 아이들의 책상 따먹기 장난 때문에 오렌지캐러멜 하나 더 축낸 게 아쉽기는 하다. 그 일만 없었다면 지금쯤 오렌지캐러멜 두 개가 남았을 텐데…….

어쨌든 괜찮은 편이다. 하나 남은 오렌지캐러멜이 있으니 기관장 회의가 끝나면 천천히 집에 가면서 먹으면 된다. 오늘도 무사히! 홀가분한 마음에 하나 남은 오렌지캐러멜을 확인하기 위해 호주머니에 손을 넣으니, 아뿔싸, 호주머니 속이 휑하다.

'이게 어떻게 된 일이지? 분명 하나가 남았어야 하는데. 옷에 붙어 있는 호주머니라곤 다 훑어보건만 오렌지캐러멜은 없다. 이런, 낭패가!'

멍하니 서 있는데 저만치서 두개의기둥이 가방을 둘러멘 채 무언가를 우물우물 씹으며 뒤뚱뒤뚱 걸어오고 있다.

"교장 선생님, 안녕!"

"그래, 의용소방대장 아들 두개의기둥이로구나."

"예, 기성회장이시고 의용소방대장인 양조장 사장의 아들, 두개의기둥입니다."

"잘 알고말고. 그런데 너 지금 뭘 먹고 있는 게냐?"

"캐러멜인데요?"

"주웠니?"

"아닌데요. 저는 주운 것은 안 먹어요. 아버지께서 거렁뱅이나 주워 먹는다고 하셨거든요."

교장 선생님이 허리를 굽혀 두개의기둥 입에 코를 바짝 들이대었다.

"오렌지캐러멜 냄새로구나!"

"당근이죠. 오렌지캐러멜을 먹고 있거든요."

"읍내에는 오렌지캐러멜 파는 가게가 없는데, 네가 산 것은 아닐 테고……. 어디서 났는지 물어도 되겠니?"

"아버지가 교육위원회가 있는 도시에 가셨다가 사오신 거예요."

"그래? 언제?"

"그건 잘 모르겠는데요. 교장 선생님, 왜 그걸 물어보시는 거지요?"

"내가 방금 오렌지캐러멜 하나를 잃어버려서 묻는 게다."

"신기하네요. 교장 선생님도 잃어버리는 게 있다는 것이!"

"그럼, 있고말고."

"아무튼 저는 아니에요!"

교장 선생님이 보기에 오렌지캐러멜을 질겅질겅 씹으며 빤히 올려다보고 있는 두개의기둥이 귀엽게 보일 까닭이 없다.

"내가 마침 너의 아버지를 만날 참인데, 너의 아버지께 언제 너에게 오렌지캐러멜을 사줬는지 물어도 되겠니?

"그러시든지!"

"대답이 무례하구나!"

"죄송해요, 교장 선생님. 그런데 어떻게 대답해야 무례하지 않죠?"

"'그렇게 하세요, 교장 선생님.'이라고 말해야지!"

"그렇게 하세요, 교장 선생님!"

교장 선생님은 매우 화가 난 듯 냉큼 돌아서더니 뒤도 돌아보지 않고 성큼성큼 읍내를 향해 걸어갔다.

두개의기둥은 씹고 있던 오렌지캐러멜을 삼켰지만 그 맛이 예전 같지 않게 시고 썼다. 왠지 기분이 나쁘다. 남의 것을 빼앗아 먹은 적은 있지만 훔쳐 먹거나 주워 먹은 적은 없는 두개의기둥이거늘!

식식거리고 있는데 전 장군이 똥지게를 지고 저만치서 오고 있다.

"아저씨!"

"어, 우리 통통이, 집에 가는 길인가 보구나."

"나는 지금 똥 씹은 기분이에요."

"개똥도 약에 쓰인다는 속담이 있지 않니? 똥이 아주 나쁜 건 아니란다."

"교장 선생님이 나를 도둑 취급했어요!"

"네가 도둑이라고? 뭣 때문에?"

"내가 아버지가 주신 오렌지캐러멜을 먹고 있는데, 교장 선생님은 오렌지캐러멜을 잃어버렸다잖아요."

"흠, 오렌지캐러멜이라……. 교장 선생님 말씀은 네가 교장 선생님이 잃어버린 그 오렌지캐러멜을 주워 먹은 게 아닌가, 의심하셨구나?"

"그렇다니까요. 내일쯤이면 내가 교장 선생님의 오렌지캐러멜을 먹었다는 소문이 나겠죠?"

"글쎄다. 오렌지캐러멜은 잘 삼켰니?"

"방금!"

"그럼 됐다."

"뭐가 됐단 말이에요?"

"잘 삼켰으면 됐다는 얘기이다. 먹는 것은 곧 똥이 될 텐데 그 똥을 누가 쌌는지가 뭐 그리 중요하겠니? 먹는 것은 잘 삼키는 게 가장 중요하단다."

전 장군은 뜻 모를 웃음을 남기고 떠나갔다. 영문을 알 수 없는 두개의기둥은 터덜터덜 집을 향해 걸어갔다. 멀리 교장 선생님의 뒷모습이 아련하게 보인다. 미운 할아버지!

밖은 깜깜하다. 교장 선생님이 안방에 앉아 있다. 꼿꼿이 결가부좌한 자세로 한 시간이 넘었다.

여느 때 같으면 거실에 앉아서 아내와 오손도손 이야기할 시간인데……. 무슨 일일까?

아내가 이부자리를 깔아줘도 시무룩한 표정을 풀지 않는다. 작고 통통한 아내의 둥근 얼굴에 근심이 어린다.

"무슨 일이라도?"

"고이얀~~ 놈!"

"대관절 누가 고이얀~~ 놈인지요?"

"내가 말이오, 학교 정문을 나서다 마지막 남은 오렌지캐러멜을 잃어버렸다오. 그런데 뒤따라오던 그 고이얀~ 놈이 오렌지캐러멜을 먹고 있지 않겠소?"

"고이얀~ 놈이 오렌지캐러멜을 먹고 있는 걸 어찌 아셨나요?"

"내가 그놈의 입에 대고 냄새를 맡았거든!"

"어머나!"

"당신 말에 의하면 우리 읍내에는 오렌지캐러멜을 파는 가게가 없다지 않았소?"

"그건 그래요."

"참으로 고이얀~ 놈이오. 그놈이 자백만 했어도 내가 이렇게 화가 나지는 않았을 게요."

"여보, 혹시 오렌지캐러멜이 어디 제품인지 아시나요?"

"모르오."

"상표를 안다고 해도 안경을 써야 알 수 있지요?"

"물론이오. 내 눈은 하루가 다르게 침침해지고 있소."

"사람이 늙으면서 눈이 나빠지는 것은 잃어버린 것을 찾지 말라는 뜻인지도 몰라요. 오렌지캐러멜을 잃어버린 것은 안타까운 일이지만 어린아이의 입에 들어간 것을 냄새까지 맡으시다니요."

"내가 좀 과했나?"

"그런데 여보, 그 고이얀~ 놈이 대체 누구예요?"

"두개의기둥!"

"아, 그 뚱뚱하고 귀여운 양조장 집 아들!"

"귀엽기는……, 아주 능글맞은 녀석이오."

"그 애라면 아버지가 교육위원회가 있는 도시에서 사다줬는지도 몰라요."

"그 고이얀~ 놈이 그렇게 주장하더군."

"그런데 왜 그 고이얀~ 놈을 의심하는 거죠? 그럴 만한 증거라도 있나요?"

"그 고이얀~ 놈이 먹어버렸으니 증거는 날아가버렸소. 내가 그 녀석을 의심하는 것은 우연 때문이오. 당신도 알다시피 읍내엔 오렌지캐러멜 파는 가게가 없어요. 나는 오렌지캐러멜을 잃어버렸고 뒤따라오던 그 녀석이 오렌지캐러멜을 먹고 있는 게 요. 참으로 기막힌 우연이지 않소?"

"그렇기는 하네요. 어른들은 집착으로 우연을 만들어요. 반대 로, 아이들은 당연한 것을 우연으로 착각할 때가 많지요. 제 생 각에 이 일이 소문이 나면 당신의 명예가 훼손될지도 몰라요. 교장 선생님과 어린 학생의 일이니까요. 아무쪼록 이 일은 빨리 잊어버리도록 하세요."

"잊어버리려고 노력하고 있어요. 그렇지만 그 고이얀~ 놈의 모습이 자꾸 떠올라서……."

"어린아이인데요, 뭘."

"어린아이니까 더욱 화가 나는 거요. 내 생각엔 교육이 필요 한 것 같소."

"이 일은 제게도 잘못이 좀 있겠군요."

"그게 무슨 말씀이오?"

"제가 자식을 못 낳아서……. 우리도 자식이 있었다면 당신이 그 애를 이해할 수 있었을 텐데……."

"그런 얘기는 하지 맙시다. 내가 묻는데도 개의치 않고 그 녀 석이 오렌지캐러멜을 하도 맛있게 먹던 모습이 떠올라 잠시 화 가 났던 게요."

"두개의기둥이 먹성은 좋지요. 그 애가 그렇게 맛있게 먹던가요?"

"그랬다니까? 내 입에 침이 고일 정도로!"

"그렇다면 그 오렌지캐러멜은 그 애 것일 거예요."

"무슨 근거로?"

"당신의 오렌지캐러멜은 담배 대용이잖아요. 어린아이가 먹기엔 좀 쓰지 않았을까요?"

"허허허허. 당신도 참!"

"호호호호."

아내가 남편의 어이없어 하는 표정을 뒤에 두고 조심스럽게 방을 나간다. 여느 때 같으면 예쁜 궁둥이련만, 교장 선생님에겐 그 궁둥이가 밉다.

똥장군 시말서

　　감사 이틀째. 보통 때보다 일찍 등교한 교장 선생님은 감사실로 쓰고 있는 당직실 옆 공실에 들른 다음 교사로 향했다.

　　오늘은 복도를 걸으며 교사를 점검할 생각이다. 긴 학교 건물 중간에 교장실이 있다. 교장 선생님이 첫 번째로 선택한 방향은 왼쪽이다. 왼쪽 끝에 4학년 교실이 있다.

　　교장 선생님은 언제나처럼 큰 키를 구부정히 해서 뒷짐을 지고 기우뚱거리며 복도를 걸어간다. 등교한 학생들은 많지 않다. 교실에서 자습하는 아이들도 있고 복도에 삼삼오오 모여 조잘거리는 아이들도 있다. 교장 선생님이 다가가자 아이들이 동작을 멈추고 목례를 한다. 교장 선생님도 인자하게 답례를 한다.

　　교장 선생님이 왼쪽 복도 맨 끝, 4학년 교실에 이르자 이 교실은 벌써 왁자하다. 깨어진 유리창 대신 검은 종이로 차단한 이후부터 쉬는 시간이면 다른 교실 학생들이 4학년 교실에 합세한 것이 하루 이틀이 아니다.

'안 되겠군. 빨리 교실에 새 유리창을 끼워야지. 아이들이 어두운 교실에서 놀면 나쁜 버릇이 생길지도 몰라.'

담임인 네모메기 선생님의 보고에 의하면 벌써 밝은 교실에서라면 있을 수 없는 일들이 여러 건 일어났던 터였다.

교장 선생님이 4학년 교실 문을 열려는 순간 갑자기 문이 열리며 대여섯 명의 학생이 후다닥 튀어나와 각자의 교실로 흩어졌다. 아마 5학년, 6학년 학생들이리라.

'쯧쯧 이래선 안 되는데. 무슨 수단을 동원해서라도 빨리 수리해야지', 하고 돌아서려는 순간 세 녀석의 눈동자들이 반쯤 열린 문밖으로 삐져나왔다. 폭군도마뱀, 새벽의약탈자, 두개의기둥이다.

"교장 선생님, 안녕!"

세 놈의 눈동자들이 음표의 머리처럼 까맣게 오선지 위에 떠다닌다.

"오, 그래. 너희들도 안녕!"

두개의기둥이 맨 먼저 문밖으로 튕겨져 나왔다. 곰처럼 둥근 놈이다. 그놈이 무언가 씹고 있던 중인데, 교장 선생님 앞으로 굴러오더니 교장 선생님 가슴에 푸~ 하고 숨을 내뿜는다. 누가 봐도 방정한 태도는 아니다.

"무얼 하는 게냐? 두개의기둥!"

"박하 냄새가 나죠?"

두개의기둥이 입을 크게 벌려 보이자 혀 중간에 반쯤 녹은 하얀 사탕이 보인다.

"그런 듯하구나."

"오렌지캐러멜에서 박하사탕으로 바꿨어요. 교장 선생님이 먹는 것과 다른 것으로!"

"교장 선생님께 먹는다는 표현은 안 좋은 거란다. 다른 말로 바꿔보렴!"

"교장 선생님이 씹는 것과 다른 것으로!"

상대할 놈이 못 된다. 의기양양하게 말하는 두개의기둥을 뒤로하고 돌아서는 교장 선생님은 기분이 편치 않다. 왠지 머쓱하다.

"고이얀~ 놈!"

이놈을 그냥, 세워놓고 혼꾸멍을 내주고 싶지만 그럴 여유도 없다. 어제 퇴근 무렵 교무주임이 보고한 일일감사 내용이 마음 한구석에 고여 나가지 않고 있었기 때문이다.

몇 년 전인가 보다. 교장 선생님이 줄담배를 피울 때의 일이다. 너무 고지식한 교장 선생님이 학교 예산을 거의 쓰지 않는 것을 안타까이 여겼던 교무주임이 큰 마음을 먹고 은으로 만든 고급 재떨이를 어렵사리 구해 교장 선생님의 책상에 놓았다.

교장 선생님의 책상은 일반 교사의 책상보다 훨씬 컸다. 결재함 말고는 놓여 있는 게 없어 무언가 부족한 감이 있었는데 은 재떨이가 놓이자 한결 돋보였다.

"아니, 이게 뭡니까?"

"보시다시피 은 재떨이입죠."

"근사기는 하오만, 이걸 왜? 아주 비싼 것 같은데……."

"제가 교장 선생님과 같이 근무한 지가 5년이 넘었습니다만, 교장 선생님처럼 근검절약하시는 분은 처음입니다. 학교예산을 거의 쓰지 않으셨습니다. 보시다시피 교장실이 너무 소박한지라 책상이나마 품위 있게 보이려고 은 재떨이를 산 것입니다."

"비쌀 텐데?"

"조금."

"가난한 학교인데, 괜한 일을 한 것 같군요."

"제가 다 알아서 한 것이니…… 아무쪼록 담배 맛이 한결 좋아지길 바랍니다."

"고맙구먼."

이렇게 해서 은 재떨이는 교장 선생님의 애장품이 되었다. 날이 궂거나 한가해도 재떨이 닦기에 여념이 없었을 뿐더러 신경이 곤두서는 일이 있을 때도 재떨이를 감싸 안고 분을 삭였으니, 이보다 더 가까운 기물이 어디 있겠는가.

최근에 와서 담배를 끊었지만 재떨이만큼은 치우지 못하고 틈만 나면 반들반들 윤이 나게 보살피던 물건이었다.

그런데 교무주임이 이 재떨이를 자본예산의 비품항목에서 구입한 것이 문제였다. 만약 손익예산인 소모품비로 샀다면 익년도 장부엔 빠졌을 텐데, 자본예산이라 몇 년 전 것까지 버젓이 기록되어 감사에 지적된 것이다.

교장 선생님이 담배를 피우지도 않으면서 눈요기를 위해 고가의 재떨이를 책상에 비치하고 있었으니 이게 무슨 놈의 창피인가. 교무주임은 '이렇게 사소한 일을 지적하는 것을 보면 큰 건을 봐주기 위한 것인지도 모른다.'고 위로했지만 교장 선생님의 위신이 바닥으로 떨어진 것만은 분명하다.

가슴이 쓰리다. 자신에게 화가 났다. 교무주임도 그렇지, 재떨이 하나 사는데 자본예산을 쓰다니, 정신이 있는 사람이야 없는 사람이야? 생각할수록 고지식하기 짝이 없는 남산 샌님이다.

교장 선생님의 불쾌한 기분은 아침 회의까지 이어져, 선생님들은 교장 선생님의 지루하고 따분한 말씀을 들어야 했다.

제삿날이 되면 일가친척들이 두루 모이고 제주도 아닌 사람이 감 놔라 대추 놔라 참견하지요. 오죽하면 속담이 나왔을꼬.

이런 사람들 말 다 듣다 보면 상차림이 엉망이 되는 꼴이 다반사요.

에, 또 감사監査라는 단어에서 감監 자의 뜻이 그래요. 제주가 아닌 사람이 비스듬히 누워臥 제상皿 위에 놓인 제수皿를 보고 있는 모양이거든. 아마, 뭔가 잘못되면 헛기침을 하고 넌지시 일러줄 기세요.

감사인이 실무자가 아닌 이상 실무자보다 잘 안다고 볼 수는 없는 법. 옛날 심계원이 회계감사에 치중했던 것은 기본만 다져주고 나머지는 실무자의 재량을 존중해준 것이 아닌가 하오.

　감사가 적발 위주가 되면 과거 지향적이 되어 후임자가 전임자를 매도하는 선례를 남길 때가 많지요.

　자고로 감사란 예방감사가 중심이 되어야 미래지향적인데, 지금 하고 있는 감사가 그러한지 어떤지…….

　교장 선생님이 한 말은 넋두리일 뿐 그 말이 감사관들에게 전달되기를 바라고 한 말은 아니다. 그러나 풍문도 담아두지 못하고 풍선처럼 부풀리는 따오기 선생님이 가만히 놔둘 리가 없다. 따오기 선생님은 거울에 비친 입술에 붉은 연지를 덧바른 다음 감사반에 가서 이러쿵저러쿵 장광설을 늘어놓았다. 교장 선생님의 말씀이 마치 자기의 주장인 것처럼.

　이 이야기는 감사팀장의 심기를 불편하게 만들고 따오기 선생님이 괘씸죄에 걸리게 했다. 따오기 선생님이 잠자는 호랑이의 수염을 건드린 셈이다.

　그 결과 따오기 선생님이 학교 도서구입 예산으로 세계 소년소녀 동화집 한 질을 구매하여 집에 보관하고 있는 사실이 적발되어 경위서와 문답서를 작성하기에 이른다.

　물론, 말 잘하기로 소문난 따오기 선생님이 쉽게 동의할 일은 아니었고, 학교 예산으로 산 책을 어떻게 개인이 소유하겠느냐며 학교가 보수 중이어서 잠시 집에 보관했을 뿐이라고 변명했지만 감사팀장은 끝내 그의 주장을 거두지 않았다.

괘씸죄란 내가 미워서 생기는 것이지 남이 부족해서 생기는 것이 아니다. 그러므로 변명할수록 괘씸한 사람을 더욱 괘씸하게 만들 뿐이다.

따오기 선생님은 장차 견책 이상의 징계를 받을 거라는 게 선생님들의 중론이다.

한 주 반 동안의 감사 중 감사팀이 집중적으로 감사한 사안은 불법예산 전용 건이었다. 교무주임을 위시해 **나라**초등학교 선생님들이 제출한 감사자료의 분량이 사과 궤짝 다섯 개가 넘었다. 이 자료들을 작성하기 위해 얼마나 많은 선생님들이 밤을 지새웠는지 모른다.

감사 결과 **나라**초등학교가 유리창을 끼우고 시설물 보수 및 앉은뱅이책상을 주문, 댓가를 지급하면서 해당 예산이 턱없이 모자라자 학습 준비물 예산, 기초 학력 미달 학생 감소를 위한 지원비, 교육 프로그램 개발비로 충당한 사실이 발견되었다.

교무주임은 전쟁이 일어나 학교가 크게 파괴된 사실과 비정상으로 학교를 운용할 수밖에 없는 현실을 애써 변명하였으나 해당 예산을 정당한 절차를 거쳐 전용하지 않았을 뿐만 아니라 정작 학습 준비물이 필요한 체육, 미술, 음악시간은 비정상으로 운용된 것이 화근이었다.

정당한 절차를 거치지 않고 예산을 전용한 이유, 교과목 변칙 운용 실태 등 경위서를 제출한 후 각각의 질문서를 받은 교무주임은 심신이 피곤했다. 비록 교육환경이 엉망이었다 해도 그대로 방치했다면 이런 일은 없었을 텐데……. 교장 선생님과 여러 선생님들이 원망스럽다. 그러나 어쩌랴. 오뉴월에 서리도 내리게 할 수 있다는 감사팀인데. 목구멍이 포도청이지 않은가.

조급한 마음으로 감사팀의 처벌을 기다리는데 강평 하루 전 감사팀장이 교장 선생님과 교무주임에게 의외의 제안을 했다.

"이제 감사를 마무리하겠다. 앞으로 3일 동안은 진정서를 처리할 예정이다. 불법예산 전용은 불문에 붙일 테니 즉시 시정토록 하고 진정서 처리에 적극 협조해주기 바란다."

교장 선생님과 교무주임은 내심 쾌재를 불렀다. 불법예산 전용을 뺀 다른 지적사항은 학교 본연의 업무가 아닌 곁다리였기 때문이다.

불법예산 전용이 모든 학교의 문제이거나 교장 선생님 사모님의 친척 오빠의 입김이 작용하였을 게다.

교육위원회의 감사는 시작은 창대하나 그 끝이 미약하였다. 교장 선생님과 교무주임은 여느 때와 달리 아주 친밀한 모습으로 머리를 맞대고 향후 일정을 상의했다.

장수가 일단 칼을 빼어들면 그냥 칼집에 넣는 경우는 드물다. 아마 감사팀의 목적은 진정서의 처리에 있는지도 모른다. 그 많은 인원이 몇 주 동안 감사를 하고 아무 소득 없이 돌아간 예가 없지 않은가.

그렇다면 진정서의 내용은 무엇일까? 진정서에 관한 규정을 보면 진정인의 보호를 위해 밝힐 수 없다며 감사팀장이 귀띔해 준 바에 의하면 **나라**초등학교는 누군가와 심상치 않은 거래를 한 듯하다.

수업이 끝나고 폭군도마뱀과 두개의기둥이 터덜터덜 정문을 나선다. 전 장군이 늙은 플라타너스 나무 아래서 똥지게를 받히고 앉아 있다. 전 장군의 이마에는 땀이 성글게 맺혀 있다.

"어? 장군 아저씨!"

두개의기둥의 반가운 기색.

"집에 가는 게로구나."

두 아이들이 똑같이 고개를 끄덕인다. 전 장군이 빙긋이 웃으며 폭군도마뱀을 쳐다본다.

"얘야, 폭군도마뱀."

"예."

"진정서란 게 뭐냐?"

"진정서요? 나쁜 일을 한 사람을 고발하는 거 아닌가요?

"그러냐?"

"왜 그걸 묻죠?"

"누가 나한테 진정서를 썼다는구나."

178

전 장군은 별일 아니라는 듯 껄껄 웃었다. 두개의기둥은 심각한 표정이다.

"착한 우리 아저씨한테 누가 그런 짓을! 우리 아버지도 진정서를 한번 받아봤는데, 그게 되게 무서운 거래요."

"무섭다고?"

"그래요. 우리 아버지는 진정서를 받고 나서 한 달 동안 밥을 제대로 못 먹었다는데!

"얘야, 폭군도마뱀. 진정서가 그렇게 무서운 게냐?"

다리를 괴고 앉아 있던 전 장군이 근심스럽게 쳐다보고 있는 두개의기둥의 다리를 간지럽히며 폭군도마뱀을 쳐다보았다.

"하여튼 좋은 건 아닐 거예요."

"교무주임의 말을 듣고 그런 예감이 들기는 했지. 그러나 나는 무서울 게 없단다."

"아저씨도 참! 무서운 건 예고가 없는 법이래요. 이것도 아버지가 한 말이지만."

"나는 말이다. 똥지게를 지기 싫을 때가 가장 무서웠단다. 그런데 똥지게를 지고 있는 것이 문제가 되어 진정서를 받았는데, 무서울 게 뭐가 있겠니?"

"아저씨는 참 이상해요. 무거운 걸 지고 있을 때가 문제지, 빈 지게를 지고 있을 때야 무슨 문제가 있겠어요!"

"내 말은 빈 수레가 요란하다는 말과 같은 뜻이니라."

"우리는 그런 말 몰라요."

"그래서 말인데, 얘야. 폭군도마뱀."

"예."

"교무주임이 말하는데 내가 시말서를 써야 한다는구나. 너도 알다시피 나는 한글을 가까스로 읽기는 한다만 쓸 줄은 모르잖니? 내가 말을 할 테니 네가 써줄 수 있겠니? 너는 똑똑하니까 내 말을 잘 써줄 수 있을 것 같구나."

"그럼요. 기꺼이 제가 써드릴게요."

"그래, 그렇다면 나를 따라오거라."

이렇게 해서 전 장군, 폭군도마뱀, 두개의기둥이 학교 뒷산 소나무 밭 사이에 있는 오래된 정자에 이르렀다. 전 장군이 난간에 기대어 앉아 있고 폭군도마뱀이 마룻바닥에 엎드려 전 장군이 준 시말서 서식을 들고 글 쓸 준비를 하고 있다. 두개의기둥은 반대쪽 난간에 쪼그리고 앉아 난간 틈을 타고 구멍으로 들어가는 개미를 희롱한다.

"시말서란 게 무슨 뜻이냐?"

"일의 처음과 끝을 순서대로 쓰는 거예요."

"음, 그래? 그렇다면 먼저 너희들 학교에서 받아야 할 돈을 정리해보자. 똥장군 75통을 치웠느니라. 한 통에 3만원씩 계산하거라. 그리고 교실 마룻바닥과 벽 땜질하는 데 재료값이 150만 원, 목수와 미장이 3명 노임 200만 원이다."

"합계가 575만원이네요."

"다음엔 줘야 할 돈을 정리해보자. 사실, 쓰레기 치운 값을 받아야 하는데 그런 건 생각지 않았단다. 쓰레기 더미에서 고철을 모아 판 게 300만원, 재활용품은 150만 원을 받았다."

"450만 원."

"그럼 계산이 어떻게 되니?"

"받아야 할 돈이 125만 원입니다."

"그래? 내가 똥만 치웠다면 어떻게 되니?"

"225만 원을 받았을 거예요!"

"그럼 밑지는 장사를 했구나."

"그럼요. 상당히 밑지는……."

"글 말미에 이 말을 넣거라. '내가 밑지는 데도 이 일을 한 것은 집안 형님인 기성회장의 부탁이 있었노라.'라고."

"예."

"내가 형님의 아들인 두개의기둥을 사랑한다는 말도 넣을까?"

"그건 넣지 않는 게 좋겠어요."

"그런데 왜 내가 시말서를 써야 하니?"

"모르겠어요. 혹시 한글을 잘 모른다고 그런 건 아닐까요?"

두개의기둥이 거들었다.

"글쎄다. 그건 바른 일이 아닌 것 같다."

전 장군이 골똘히 생각하더니 대답한다.

"만약 그렇다면 우리들이 가만히 있지 않을 거예요. 이건 순전히 우리 학교를 위한 희생이었는데……."

폭군도마뱀은 흥분을 가라앉히지 못한다. 두개의기둥이 개미를 쓸던 동작을 멈추고 참견할 기회를 엿본다.

"그만두거라. 그건 내가 치워야 할 똥을 너희들에게 맡기는 격이로구나."

"아, 예."

"이제 다 정리된 거냐?"

"대충!"

"그러면 마지막에 이 말을 넣거라. 이 시말서는 전 장군이 글을 몰라 폭군도마뱀이 대신 쓴 것이라고……. 그래도 좋겠느냐?"

"그럼요. 저는 영광스러워요."

"다 썼으면 이리 주거라. 맨 밑에가 내 이름이지. 여기에 도장을 찍고 교무주임에게 주면 되겠구나."

감사팀이 진정서를 처리하는 모습을 보면서 교무주임은 교육위원회가 있는 도시의 등록업체 중 한 업체가 진정한 것으로 추측했다.

분뇨를 수거하려면 분뇨수집운반 허가를 얻어야 한다. 일정한 시설 및 장비를 갖춰야 하고 자격증을 소지한 인원을 확보하는 게 필수.

고물상 허가조건도 기반시설을 확충하고 법정하천, 공공시설로부터 일정한 거리의 제한을 둔다.

이들은 **나라**초등학교가 속한 읍내에 유자격 업체가 없다는 것을 훤히 꿰뚫고 있다. 자기들이 처리하기엔 너무 작고 남에게 주자니 배가 아파 못 먹는 감 찔러나 본 것이리라. 그러니까 **나라**초등학교의 똥통이 넘쳐나든 말든, 운동장이 쓰레기로 넘쳐 학생들이 운동장을 쓰지 못하는 건 알 바 아니고 자기들이 일감이 없는 비수기까지 기다려야 한다는 심보가 아닌가. 생각할수록 무책임하고 자기 이익만 챙기는 태도이다.

교무주임은 예산전용을 빼준 감사팀에 빛을 지고 있는 입장이다. 전 장군과 관련된 진정서 건으로부터 자유스럽지도 못한 형편이다. 틈만 나면 감사팀의 눈치를 살펴 감사팀장이 한가한 틈을 비집고 들어가 **나라**초등학교의 상황과 전 장군이 분뇨를 수거하고 쓰레기장을 청소하지 않을 수 없는 사정을 설명했다.

나라초등학교처럼 작은 학교는 분뇨와 쓰레기의 양이 적어 수의계약에 해당한다는 것, 이 일을 하려면 허가요건을 갖춘 업체가 해야 마땅하다는 것, 그래서 수차례에 걸쳐 교육위원회가 있는 도시의 등록업체가 처리해줄 것을 요청했으나 차일피일 핑계를 대고 피했다는 것, 똥통이 넘쳐 구린내, 지린내가 진동하여 학습 분위기가 엉망인지라 어쩔 수 없이 전 장군에게 맡겼다는 것, 전 장군이 비록 허가는 없지만 20년 넘게 읍내의 똥과 쓰레기를 처리한 전문가라는 것.

감사반장의 태도는 완고했다. 그는 교무주임의 설명을 진지하게 경청한 다음 차분하게 말했다.

이 진정서는 교육위원회의 상급 국가기관으로부터 이첩받은 사건이다. **나라**초등학교가 그렇게 할 수밖에 없다는 것을 이해는 한다. 그러나 최고 국가 감사기관의 이첩 사항인 만큼 엄중하게 시비를 가려 처리하지 않을 수 없는 위치에 있다는 것을 이해하기 바란다.

해 질 녘. 전 장군이 빈 똥장군을 지고 집으로 오고 있는데 대문 앞에서 낯선 사나이가 기다리고 있다. 검은색 정장에 넥타이를 깔끔하게 맨 청년이다. 앳된 얼굴에 근엄함이 넘친다. 그가 나직이, 그러나 힘을 주어 묻는다.

"전 장군 씨?"

"누구요?"

"나는 교육위원회 부감사관인…….'라고 말하는데 전 장군이 말을 끊었다.

"두 번째 높은 분인감?"

"감사관 밑에는 다 부감사관입니다만…….'"

"용건이 뭐요?"

"감사가 끝나고 마무리차 몇 가지 확인할 사항이 있어서…….'"

전 장군이 똥지게를 대문 옆에 받쳤다.

"마무리차 확인한다면 조사가 끝났다는 말인데 확인해서 뭘 하나요?"

"절차상 필요해서……."

"물어보시구려."

"분뇨수거운반업 허가가 없으시죠?"

"똥 치우는 거 말입니까?"

"정식 명칭이 분뇨수거운반입니다."

"그게 똥 아니겠소?"

젊은 부감사관이 이마를 찡그렸다.

"저는 지금 공무를 수행하고 있습니다. 예의를 갖춰 감추지 말고 있는 대로 말씀해주세요."

"지당하신 말씀! 본시 똥은 감출수록 구린내가 나는 법이오."

"제발 똥, 똥 하지 마시고 분뇨라고."

"내겐 똥이 익숙한 말이라서, 부감사관께서는 분뇨라고 하고 나는 똥이라고 합시다."

"다시 묻겠습니다. 분뇨수거운반업 허가가 있으십니까?"

"없어요."

"없으면 그 일을 할 수 없는데?"

"그게 어디서 허가해주는 거죠?"

"법에 의하면 시·군청 생활하수과 허가 사항입니다.

"우리 읍사무소엔 생활하수과가 없어요. 생각해보슈. 조그만 마을에 많은 돈을 들여 허가해서 치울 만한 똥이 있겠소?"

"읍사무소에 생활하수과가 없다면 읍을 관할하는 군청의 생활하수과를 찾으면 되는데."

"내가 하나 물어봅시다. 부감사관께서는 교육위원회가 있는 도시에서 오셨지요?"

"그렇습니다."

"그곳은 똥을 퍼서 어디에 버립니까?

"집하장에 모은 다음 재생연료나 비료를 만들지요."

"아~, 그래서 나라에서 관리하는구면."

"그렇지요."

"거기는 분뇨수집운반업 허가가 없으면 똥장군을 못 지겠구려."

"그럼요. 당연히!"

"근데 댁은 똥 눌 때 허가를 얻소?"

"그게 무슨 뚱딴지 같은 물음입니까? 똥 누는데 허가 받는 곳이 세상에 어디 있다고……."

"이건, 내 생각입니다만, 똥 치우는 데 허가가 필요하다면 똥 눌 때도 허가를 받게 하면 좋을 텐데……. 똥 눌 때도 허가를 받게 하면 허가를 남발하는 일이 없지 않겠소? 내 듣기에 허가를 너무 많이 해줘서 할 일 없는 사람들이 진정서를 쓰고 여기까지 넘본다니 하는 말이오."

"그건 내 소관이 아니오. 보시다시피 나는 감사관이오. 선생이 한 일이 바른지, 바르지 않은지만 볼 뿐이오!"

"물론, 나는 똥 퍼 나르는 허가는 없다오. 그런데 내가 퍼 나르는 똥은 전부 배추밭, 마늘밭의 비료로 쓰여요. 도시에서 재생연료나 비료로 쓰이는 것과 다를 바 없다는 이야기이지요. 어디 한번 확인하실라요?"

"어떻게?"

"내가 똥을 퍼 나른 데로 가보면 알지 않겠소?"

부감사관은 그만 할 말을 잃었다. 시말서도 대필했으니 오죽할까?

젊은 부감사관은 고물상 허가사항까지 확인하려던 계획을 중단하고 무뚝뚝하게 온 길로 다시 돌아갔다.

부당한 경쟁

어제 첫눈이 왔다. 오늘은 파란 하늘에 하얀 뭉게 구름이 떠다닌다. 파란색은 흩어지고 하얀색은 뭉쳐다니는 하늘이다.

읍내의 들판은 성긴 눈밭이다. 논밭은 가을걷이가 끝나 황량한데 가끔씩 낫이나 괭이를 든 농부가 빈 벌판을 걸어간다. **나라**초등학교 교장 선생님이 창을 통해 먼 산을 바라보고 있다. 마른 가지 위로 하늘이 파랗게 뚫렸다.

교장 선생님의 뒤엔 교무주임, 따오기 선생님이 풀이 죽어 맥없이 서 있다. 교무주임의 바지저고리가 꽤 헐거워 보인다.

세 사람은 메시지를 각기 한 장씩 들고 있다. 교육위원회 감사팀의 감사 결과 통보서이다. 교장 선생님에겐 경고장이, 교무주임과 따오기 선생님에겐 견책을 통지했다. 이 자리엔 없지만 전 장군도 불이익을 받았다. 오물처리 면허를 받지 않는 한 똥

188

장군을 질 수 없게 되었다. 적어도 **나라**초등학교에서는.

따오기 선생님은 징계를 처음 받았나 보다. 통지서를 몇 번이고 훑어보는데 그 표정이 울상이다. 따오기 선생님을 내려다보는 교장 선생님의 얼굴이 곱지 않다.

"나 원 참, 피우지도 않는 담배 재떨이 때문에 이게 무슨 창피람. 마른하늘에 날벼락도 유분수지."

교장 선생님이 뒷산에 멈춰 있는 시선을 그대로 둔 채 뒷짐을 풀고 두 선생님을 향해 손을 내저었다. 교장실을 나가도 된다는 표시인가 보다.

교무주임이 교장실을 나서자 멈칫대던 따오기 선생님이 총총걸음으로 쫓아나온다.

"흠, 마른하늘에 날벼락을 맞은 사람이 누군데? 며칠 있으면 교감 승격 심사가 있는데……. 견책을 받으면 심사대상에서 제외된다는 걸 아시는지, 모르시는지."

교무주임이 따오기 선생님에게 들릴 듯 말 듯 중얼거리며 자기 반 교실 쪽으로 걸어가자 따오기 선생님이 입을 뾰로통히 내밀며 지껄였다.

"흥! 나야말로 마른하늘에 물벼락을 맞았다고요!"

이제 곧 추운 겨울이 온다. **나라**초등학교는 겨울을 어떻게 준비할까? 늦가을부터 겨울 내내 날씨가 따뜻한 날이면 4~6학년생들에게 오후 체육시간에 나무를 시킨다. 당직실 옆 야적장이

나무로 가득 메워질 때까지. 음악이나 미술시간은 정규교육을 실시하지만 체육시간엔 난방 예산이 턱없이 부족해 나무를 하지 않으면 교실을 따뜻하게 유지할 수 없기 때문이다.

교육위원회의 감사 지적 내용에 의하면 체육시간을 나무하는 시간으로 바꿔서는 안 된다. 이 지시를 이행한다면 학생들은 장차 얼음장 같은 교실에서 공부할 수밖에 없고 그 결과 고뿔에 걸려 결석하는 아이들이 점점 늘어날 것이다.

어찌하겠는가. 면학 분위기가 우선이다. 감사에 또 걸릴망정 난방 예산이 현실화될 때까지는 변칙 교육을 시킬 수밖에 없다. 이것이 **나라**초등학교 교무회의에서 내린 결론이다.

오늘은 4, 6학년이 일주일 간의 체육시간을 한데 모아 오후 2시부터 4시까지 학교 뒷산에서 나무를 하게 되어 있다.

여기는 4학년 교실. 깨진 유리창엔 검은 종이 대신 플라스틱 유리로 채워졌다. 보온효과가 있고 밖이 보인다는 장점이 있으나 사물이 어른어른할 뿐 초점이 없다.

오후 첫 교시가 끝나자 아이들이 하나둘씩 산 아래 집합장소로 걸어가고 있다. 나무를 묶을 노끈을 가지고 가는 아이들도 있고 갈고리, 날이 무딘 낫을 들고 가는 아이들도 있다. 날이 무딘 것은 집에서 쓰지 않는 연장이어서일 게다.

두개의기둥이 어깨에 새끼줄을 둘러멘 채 두 손에 성냥갑을 감싸 들고 복도를 걸어오고, 그 뒤에 새벽의약탈자가 따라온다.

새벽의약탈자의 손엔 노끈 뭉치가 들려 있다. 설렘이 가득한 표정이다. 두개의기둥이 가지고 있는 성냥갑에 무언가 소중한 게 들어 있는 모양이다. 새벽의약탈자의 시선이 성냥갑에 가 있다. 맞은편에선 교장 선생님이 근엄하게 걸어온다.

"요놈! 두개의기둥!"

"네?"

두개의기둥이 흠칫 놀라 멈춰 선다.

"네가 들고 있는 것이 무엇이냐?"

"이거요?"

두개의기둥이 손에 감싸고 있는 것을 내어 보인다.

"이런 고이얀 놈, 초등학생이 담배를 피운단 말이냐!"

"아닌데요. 초등학생이 담배를 피우다니요."

교장 선생님이 뒷짐을 풀고 부릅뜬 눈을 새벽의약탈자 쪽으로 옮겼다.

"에~ 또, 너는?"

"새벽의약탈자입니다."

"두개의기둥과 같은 학년이지?"

"예!"

"새벽의약탈자, 너에게 묻겠다. 정직하게 대답하거라."

"예!"

"두개의기둥이 담배를 피우는가?"

"담배를 피우는 걸 본 일이 없습니다. 담배를 가진 것도 못 보았고요."

이때 두개의기둥이 교장 선생님 앞으로 한 발짝 다가선 다음, 교장 선생님을 빤히 쳐다보며 항의했다.

"아니라니까요. 담배 냄새가 얼마나 나쁜데요. 담배 냄새 때문에 아버지 옆에도 가지 않는다고요. 저는 교장 선생님 나이가 되어서도 절대로 담배를 피우지 않을 거예요!"

"햐, 고놈, 단정적으로 말하네."

"그럼요. 담배는 제게 돌만도 못하거든요."

"두고 보거라. 나이가 들면 달라질 게다."

"하여튼, 현재는 그래요."

"그런데 말이다. 네가 왜 성냥갑을 가지고 있는 게냐?"

"이건 성냥갑이 아니래도요!"

"흠, 그래. 성냥갑이 아니다? 그렇다면 그 갑의 상표 이름을 읽어보거라."

두개의기둥이 성냥갑에 붙은 상표를 읽는다.

"번개 표 성냥!"

"그것 보아라. 성냥이라고 쓰여 있지 않느냐?"

"안에 성냥골이 없으면 성냥갑이라고 할 수 없잖아요?"

"그래? 그럼, 뭐가 들어 있느냐?"

두개의기둥이 성냥갑을 조심스럽게 교장 선생님에게 건넨다.

"교장 선생님이 직접 보세요."

교장 선생님이 두개의기둥을 힐끔 내려다본 다음 성냥갑을 살며시 여는 순간, 성냥갑 한가운데에 왕개미 한 마리가 느릿느릿 허리를 펴며 '누가 허락도 없이 내 집 문을 열고 있는 게지?'라며 꿈틀거린다. 교장 선생님은 깜짝 놀라 성냥갑을 냉큼 닫은 다음 두개의기둥에게 넘겨주었다.

"이건, 개미가 아니냐? 도대체 개미를 왜 성냥갑에 넣고 다니는 거야?"

"그럴 일이 있어요."

"개미도 생명이 있는 곤충이란다. 못살게 굴어서는 안 된다는 말이다."

"예, 교장 선생님. 제가 담배를 피우지 않는다는 걸 확인하셨죠?"

"알겠다."

'그래, 어린 놈이 담배를 피우지 않는다는 게 맞을 게다. 이번에는 내가 잘못 짚은 게야. 그러나 너는 담배를 피우는 것 못지않게 나쁜 놈이다! 두고 보라지. 내 반드시 네 나쁜 소행을 바로잡고 말 테니!'

돌아서려는데 갑자기 담배 한 대를 피우고 싶다. 교장 선생님이 담배 대신 오렌지캐러멜을 씹기 위해 주머니를 더듬는데 두개의기둥의 목소리가 등 뒤에서 들렸다.

"성냥골이 없는 성냥갑은 성냥갑이 아니에요. 성냥갑 안에 개미가 있으면 개미 집이고, 베짱이가 있으면 베짱이 집이 아닐까요?"

교장 선생님이 생각하기에 두개의기둥은 참 고약한 놈이다.

나라초등학교 뒤에는 두 개의 봉우리가 있고 그 사이에 협곡이 있다. 이 협곡의 물들은 산세를 따라 꾸불꾸불 흘러 학교 뒤한가운데 위치한 당직실 쪽으로 내려와 울타리를 타고 양 옆으로 흘러간다. 두 개의 봉우리는 마치 **나라**초등학교를 굳건히 받히고 있는 기둥처럼 보인다.

시작종이 울리자 4학년과 6학년 아이들이 두 그룹을 형성하며 두 개의 봉우리로 올라간다. 6학년이 오른쪽 봉우리, 4학년이 왼쪽 봉우리 담당이다. 오른쪽으로 오르는 아이들은 굼벵이처럼 꿈틀거리고, 왼쪽으로 오르는 아이들은 개미떼처럼 오글거린다. 그러나 아이들이 부르는 노래는 같다.

산에 산에 산에는 / 산에 사는 메아리 /
언제나 찾아가서 / 외쳐 부르면 /
반가이 대답하는 / 산에 사는 메아리 /
벌거벗은 붉은 산에 살 수 없어 갔다오 /
산에 산에 산에다 / 나무를 심자 /
산에 산에 산에다 / 옷을 입히자 /
메아리가 살게시리 / 나무를 심자

나무를 하러 가는 아이들이 식목일 노래를 왜 부를까? 이것을 의심하는 아이들은 아무도 없다. 그냥 오래 전부터 나무를 하는 체육시간엔 이 노래를 불렀을 뿐이다. 아마도 솔잎을 긁어

모으고 삭정이를 줍는 데 어울리는 곡조였고 선생님들이 시켰는지도 모른다.

산 밑에 이르자 여학생들이 멈춰 군데군데 흩어져 마른 솔잎을 긁는다. 남학생들의 몫은 나뭇가지를 줍는 것, 나무를 하려면 산등성이까지 올라가야 한다. 그곳에서부터 삭정이를 훑어 산 밑까지 내려오면 거지반 체육시간이 끝난다. 이 동안 아이들의 노래는 꼬리에 꼬리를 문다. 똑같은 노래이다.

담임 선생님들은 산 밑에서 이 노래를 들으면서 낙오자는 없는지, 농땡이 치는 아이들은 없는지, 다친 아이들은 없는지를 가려낸다. 그러므로 나무를 하는 체육시간이면 **나라**초등학교 뒤 두 봉우리 협곡엔 아이들의 메아리가 가득하다.

이 메아리는 마치 뫼비우스의 띠처럼 산골짜기로 흩어져 협곡을 따라 연기처럼 떠돌다가 선생님들이 있는 산 밑으로 잦아든다.

산 중턱, 협곡. 둥글게 퍼진 물푸레나무 아래 다섯 명의 아이들이 메마른 땅에 원을 그리고 쭈그려 앉아 있다.

도리깨, 갈고리, 나래와 두개의기둥, 새벽의약탈자이다. 도리깨, 갈고리, 나래는 6학년 학생들이다. 4학년 아이들이 먼저 공룡의 이름을 붙인 것인지, 6학년 아이들이 먼저 농기구 이름을 별명으로 썼는지는 알 수 없다.

도리깨는 덩치가 크고 힘이 세서 도리깨이다. 갈고리는 욕심

이 많고 나래는 나서기를 잘한다. 그 밖에 쇠스랑도 있고 따비,
쟁기도 있으나 이 자리에는 없다.

다섯 명의 한가운데에는 흰색 도화지가 깔려 있다. 밑은 평평
하다. 도화지를 중심으로 한가운데에 나래가, 왼편에 도리깨, 갈
고리, 바른편에 두개의기둥, 새벽의약탈자가 쪼그려 앉아 있다.

도리깨와 두개의기둥 앞엔 유리구슬이 담긴 주머니가 한 개
씩 있다.

"자, 도리깨, 두개의기둥, 선수들을 출발선에 입장!"

나래가 말하자 도리깨와 두개의기둥이 각각의 개미 집에서

갈고리
끝이 직각으로 구부
러져 있으며, 보통 흙
을 골라서 공기를 통
하게 하고 잡초를 뽑
는 데 쓰는 도구

쇠스랑
서너 개의 쇠발에
나뭇조각을 낀 갈퀴
모양으로, 땅을 파
일구거나 흙을 고르
며 두엄을 쳐 내거
나 끌어 담는 연장

도리깨
길이 1m 가량 되는 작
대기 끝에 휘추리 서너
개를 나란히 잡아매 돌
아가도록 만들며, 곡식
의 알곡을 떨어내는 데
쓰는 농기구

개미를 꺼낸다. 도리깨와 두개의기둥은 6학년과 4학년이니 체구에 차이가 있지만 내어놓은 개미는 비슷하다.

"두개의기둥, 네가 지면 구슬을 잃는 거야. 이의가 있니?"

"없어…… 형."

"좋다. 준비!"

도리깨는 개미의 배를 쓰다듬고, 두개의기둥은 똥구멍을 간지럽힌다. 그러나 네 개의 눈동자는 도화지 위 출발선에 있다.

"땅!"

나래가 외치는 순간, 두 아이들이 누가 먼저라고 할 것도 없

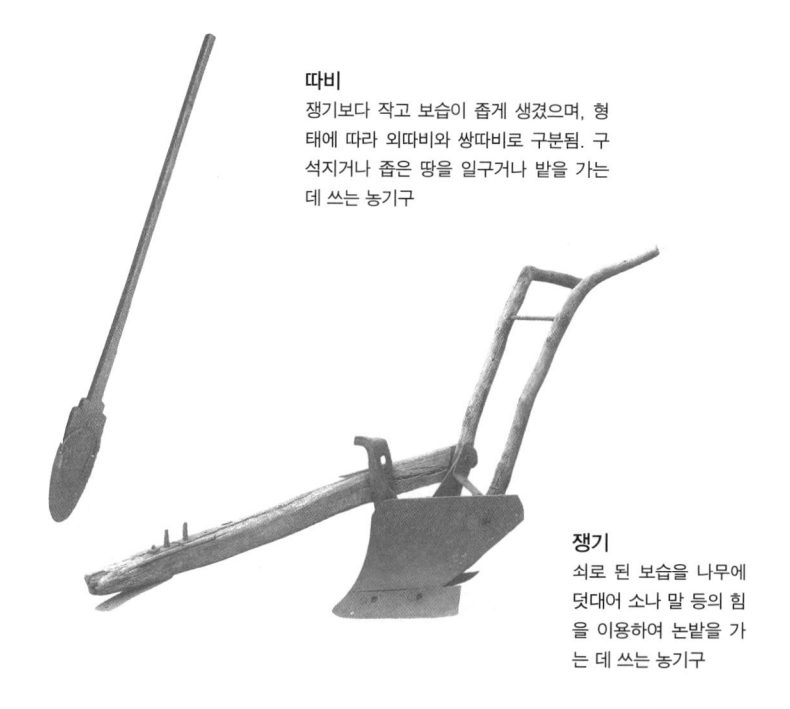

따비
쟁기보다 작고 보습이 좁게 생겼으며, 형태에 따라 외따비와 쌍따비로 구분됨. 구석지거나 좁은 땅을 일구거나 밭을 가는 데 쓰는 농기구

쟁기
쇠로 된 보습을 나무에 덧대어 소나 말 등의 힘을 이용하여 논밭을 가는 데 쓰는 농기구

이 개미를 출발선에 놓고 앞으로 밀었다.

두 마리의 개미는 도화지가 낯선 모양이다. 한 놈은 꿈틀거리고 다른 놈은 뒤뚱거리기만 할 뿐 도무지 앞으로 갈 생각이 없다.

"달려!"

"거기가 앞이 아니라니까!"

도리깨와 두개의기둥뿐만 아니라 갈고리, 새벽의약탈자가 합세하여 주먹을 흔들고 자기편의 개미에게 응원의 메시지를 보낸다. 개미들도 응원의 메시지를 듣는 모양이다. 꿈틀거리며 앞으로 가기 시작한다. 그런데 웬일일까? 도리깨의 개미는 결승선을 향해 직선으로 기어가는데 두개의기둥 개미는 좌로 두 발짝 우로 세 발짝 움직이더니 머리만 주억거릴 뿐 제자리를 맴돌고 있다.

"그래 그거야!"

"아~ 아, 이런 멍청한 개미 새끼!"

게임은 순식간에 끝났다. 두개의기둥 개미가 중간에도 가기 전에 도리깨의 개미가 결승선을 끊었다.

도리깨가 두개의기둥 앞에 있는 구슬 주머니를 냉큼 얼싸안으며 만세를 불렀다.

"두개의기둥, 보았지? 내 개미는 상추도 먹을 줄 알아. 주식이 뭔지 아니? 오렌지캐러멜이야!"

도리깨가 한쪽 손바닥에 올려놓은 개미를 다른 손가락으로 쓰다듬으며 으쓱인다.

"형, 한 번만 더 해!"

"구슬이 있니?"

두개의기둥이 마지막 남은 유리구슬 주머니를 호주머니에서 꺼내 보였다.

"흠, 그래? 군말이 없겠지?"

"당근!"

"좋다!"

심판인 나래가 땅바닥을 고르고 도화지를 빳빳이 세운다. 그 동안 도리깨와 두개의기둥은 개미를 흥분시키기에 여념이 없다. 한 놈은 배를 긁고 다른 놈은 똥구멍을 간지럽히고.

드디어 개미의 경주가 다시 시작된다. 그러나 그 결과는 같다. 이번에도 두개의기둥 개미가 출발선에서 맴돌고 있는 사이 도리깨의 개미는 일사천리로 달려 결승선을 넘어버렸다.

두개의기둥 앞에 놓인 구슬 주머니는 당연히 도리깨의 차지. 도리깨가 두개의기둥 앞에 놓인 구슬 주머니를 들려는 순간 폭군도마뱀이 나타났다.

"너는 누구냐?"

"폭군도마뱀. 거기는 6학년 도리깨 형이지?"

"그렇다. 그런데 우리들끼리 하는 게임에 네가 왜 나타난 거니?"

"뒤에서 개미 달리기를 보았는데, 좀 이상한 게 있어서……."

"흠, 네가 남의 잔치에 왜 괜히 참견하는지 모르겠다만, 뭐가 이상한데?"

"내가 도화지를 좀 봐도 될까?"

"그 전에 두개의기둥에게 다짐할 게 있다. 두개의기둥, 이 게임에 내가 이겼는지 졌는지 네가 말해봐!"

도리깨가 험상궂은 표정으로 두개의기둥을 꼬나본다. 두개의기둥은 풀이 죽어 있다.

"형이…… 이겼어."

그 사이 폭군도마뱀이 도화지를 들어 요모조모 살펴보고 있다. 뒷면이 이상하다. 도리깨의 개미가 달린 길에 보일 듯 말 듯 얇게 패인 잉크 자국이 있다.

"두개의기둥. 너는 개미가 무엇으로 길을 찾는다고 생각하니?"

폭군도마뱀이 두개의기둥에게 물었다.

"눈으로 길을 찾지. 똥구멍을 간질이면 눈이 밝아진대."

두개의기둥이 멀뚱히 대답하자 폭군도마뱀의 얼굴이 일그러진다.

"바보 같은 놈! 그러니까 구슬을 잃는 거야. 개미는 냄새로 길을 찾는다고. 페르몬 냄새를 좋아하지. 잉크에는 페르몬 성분이 있어. 여기, 도화지 뒷면을 봐. 잉크 자국이 있잖아? 형들의 개미는 이 잉크 자국을 따라 직선으로 빨리 간 거라고, 이 멍청아!"

폭군도마뱀의 말을 듣자 두개의기둥이 멀뚱히 서서 도리깨,

갈고리, 나래를 둘러본다.

"우리는 모르는 일이야."

도리깨가 머리를 절레절레 흔들었다.

"모른다고? 그런데 왜 뒷면에 잉크 자국을 냈지?"

"그것도 모르는 일이지. 그런데 너는 개미가 페르몬 냄새를 좋아한다는 걸 어떻게 알았니?"

"곤충도감을 보고 알았지."

"흠, 그래? 우린 6학년이지만 그런 걸 배운 적이 없단다."

도리깨가 퉁명스럽게 말하자 나래가 간사하게 끼어든다.

"와~ 폭군도마뱀. 소문처럼 똑똑하구나. 우린 아직 그런 걸 모르는데⋯⋯."

"학교에선 배우지 않았는지 모르지만 뒷면에 잉크 자국을 낸 걸 보면 알고 있었던 게 분명해!"

"모른다니까!"

"어쨌든 부당한 게임이야. 6학년 형들이 이러면 안 되지. 게임을 하려면 공정해야지. 6학년 형들, 새 도화지에 다시 하는 게 어때?"

폭군도마뱀의 제안에 도리깨가 곰곰이 생각하더니 두개의기둥을 본다.

"너 구슬 더 있니?"

"없어."

"그러면 끝이지. 구슬도 없는데 무슨 게임을 한단 말이냐?"

도리깨와 갈고리, 나래가 가려고 하자 폭군도마뱀이 제지했다.

"부당한 게임은 취소야. 게임에 딴 구슬은 돌려줘야지."

"흥! 부당한 게임이라고? 난 그렇게 생각하지 않는다."

도리깨가 유리구슬 주머니를 양쪽 호주머니에 넣고 가려고 하자 폭군도마뱀이 주춤거리며 따라가려고 하는 나래의 소매를 잡아당긴다.

"나래 형이 심판이었지?"

"그렇다. 왜!"

"정당한 심판이었는지 말해봐!"

"나는 정당했어."

"개미가 페르몬 냄새를 따라 길을 찾는다는 걸 몰랐다는 걸

인정하기로 하지. 6학년과 4학년이 시합을 하는데 6학년이 심판을 본다는 게 옳은 일이야?"

나래가 잡힌 소매를 빼지 못한 채 잠시 궁리하더니 쏘아붙였다.

"너는 제3자야. 제3자가 왜 나서니?"

"나는 4학년이고 두개의기둥과 친구야. 그렇지 않니, 두개의기둥!"

"응, 그래."

"그렇다면 대답하마! 암, 옳은 일이고말고."

나래가 소리를 높였다.

"옳다? 어째서?"

"너도 알다시피 너의 집 논과 우리 집 논이 붙어 있어. 가뭄이

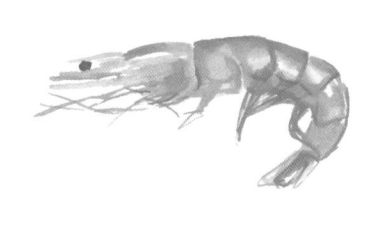

든 어느 날, 우리 아버지와 너의 집 머슴이 물꼬를 파고 서로 먼저 물을 대기 위해 실랑이를 할 때 너의 아버지가 와서 심판을 했지. 너의 집 머슴이 옳으니 너의 집 논에 먼저 물을 넣어야 한다고."

"엉터리 같은 소리 하지 마. 개미 얘기 중에 왜 물꼬 얘기가 나와!"

나래가 잡힌 소매를 빼려 하고 폭군도마뱀은 잡은 손을 놓지 않으려고 안간힘을 쓰는데 도리깨가 폭군도마뱀의 옆구리를 걸어챘다.

"아이쿠 아야. 6학년 형이 4학년을 때렸어!"

"너야말로 어디서 행패야! 우리는 6학년이야."

"6학년이면 6학년다워야지. 술수를 부리면 안 되지. 구슬을 돌려줘!"

"못 줘!"

"왜 못 주는데?"

"그냥은 줄 수 없어! 정 가져가고 싶으면 빼앗아 가렴."

"형한테 어떻게 덤벼. 선생님한테 걸리면 혼난단 말이야."

"내가 빼앗겨도 이르지는 않을게. 어쩔래, 덤빌래?"

"내가 이기면 딴 구슬을 두개의기둥에게 돌려준다면."

"좋다. 돌려주마!"

폭군도마뱀이 채 싸움의 기술의 자세를 잡기도 전에 도리깨가 두 팔을 풍차처럼 휘두르며 돌진했다. 폭군도마뱀이 어쩔 겨를도 없이 도리깨의 엉덩이 아래에 깔렸다.

도리깨는 씩씩거리고 폭군도마뱀은 눈이 찌그러지고 코피가 쏟아진다. 두개의기둥, 새벽의약탈자가 도리깨의 밑에 깔린 폭군도마뱀을 빼내려고 안간힘을 썼으나 갈고리와 나래가 방해를 놓아 속수무책이다.

이때 지진도마뱀이 바람처럼 나타나 도리깨 밑에 깔려 있는 폭군도마뱀을 끄집어내었다. 폭군도마뱀은 한쪽 눈두덩이가 부어 있고 코에서 흘린 피가 볼과 턱에 엉겨붙어 있다.

"이게 무슨 짓이야. 6학년이 4학년을 때리다니?"

도리깨가 돌아다보니 버거운 상대이다. 저 자신보다 크다. 갈고리가 슬며시 다가와 귀엣말을 전한다.

"우리 동네, 난두머리에 사는데 4학년이지만 동네에선 형이야. 조심하라고!"

"도리깨, 네 진짜 이름이 뭐지?"

지진도마뱀이 폭군도마뱀을 뒤에 세우고 도리깨에게 물었다.

"말하기 싫어!"

"흥, 이름을 밝히지 못하는 걸 보니 찔리는 구석이 있군."

"이건 때린 게 아니라 정당하게 겨룬 거라고."

나래가 나서서 지진도마뱀에게 폭군도마뱀과의 합의하에 싸우게 된 사실을 이야기했다. 지진도마뱀이 이해할 수 없다는 표정을 지으며 두개의기둥에게 묻는 시늉을 지었다. 두개의기둥이 난처한 표정을 지으며 마지못한 듯 고개를 주억였다.

"그래도 그렇지, 이게 공정한 거니?"

지진도마뱀이 도리깨와 폭군도마뱀을 번갈아 보면서 갈고리와 나래에게 물었다. 두 사람의 체격은 확실히 차이가 있다. 두 아이들은 묵묵부답이다.

"도리깨, 네가 대답해봐!"

"뭘?"

"네가 폭군도마뱀보다 두 살 더 많지?"

"응."

도리깨의 풀 죽은 답변.

"힘센 6학년 학생이 약한 4학년 학생을 때려놓고 정당한 싸움이라고?"

"나는 정당했다고 생각해. 왜냐하면 폭군도마뱀이 동의했거든."

"그래, 좋다. 너희들이 알다시피 나는 4학년 반장이다. 우리 반 아이들이 부당하게 6학년 학생에게 당하는 걸 보고만 있을 순 없지. 내가 상대해주마. 어때?"

"지금?"

"그래!"

"그건…… 곤란해. 두 번 경주하는 바람에 내 개미도 힘들어하고 나도 좀 힘들거든."

"흥! 비겁한 녀석. 자신 없으면 너희들 다 덤벼도 좋아! 어쩔래?"

도리깨는 물론, 갈고리, 나래도 슬그머니 발을 뺄 기세이다. 뒤로 주춤주춤 물러서는데 지진도마뱀이 도리깨의 손목을 우악스럽게 끌어당기며 다짐을 받는다.

"언제라도 좋다!"

"지금은 곤란하지만……."

"언젠가는 붙어보겠다는 거지?"

"응."

"기다리마. 언제든지 준비가 되면 연락해!"

　같은 것끼리 부딪힐 때는 그 소리가 맑다. 그러나 그렇지 않은 것들의 부딪힘은 그 소리가 맑지 않은 법이다. 지진도마뱀을 쏘아보는 도리깨의 눈꼬리가 사금파리 조각처럼 번득인다.

　지진도마뱀이 도리깨의 다짐을 받으려는 순간 산 아래에서 담임 선생님의 호루라기 소리가 요란하게 들렸다. 집합신호이다. 도리깨가 대답을 하는 둥 마는 둥 하고 밑으로 뛰어내려가자 갈고리와 나래도 다급하게 도리깨를 좇아 내려간다.

　지진도마뱀이 옆구리로 폭군도마뱀을 부축했다. 폭군도마뱀은 울상을 지었다. 지진도마뱀의 품이 따뜻하다. 두개의기둥, 새벽의약탈자가 조심조심 지진도마뱀의 뒤를 따른다. 산을 내려오는 동안 새벽의약탈자가 지진도마뱀에게 싸움의 발단이 개미의 경주였다는 것을 소상하게 이야기했다. 산비탈로 내려앉는 햇살이 여리다.

건반 위의 개구리

　　사실 지진도마뱀은 힘쓰는 일 외에는 내세울 게 없다. 소경이 점자를 더듬는 것보다 느리게 책을 읽는다. 산수시간엔 구구단을 제대로 꿰지 못해 양 손가락을 짚어대며 버벅댄다. 사회과목도, 자연과목도 잘하는 게 없다.

　　나라초등학교는 그 학년에서 일등한 아이가 늘 반장이 된다. 이것은 오랫동안 내려온 **나라**초등학교의 전통이다.

　　폭군도마뱀은 일등을 놓쳐본 적이 없다. 1학년 때부터 4학년 1학기까지 줄곧 반장이었다. 그런데 왜 4학년 2학기에는 지진도마뱀이 반장이 되었을까? 일등을 놓쳤을까? 아니다. 실제로는 월등한 차이로 1등을 고수했다.

　　지진도마뱀은 자기 자신을 잘 안다. 난두머리 벽촌에서 적령취학을 훨씬 넘겨 꼴찌를 맴돌고 변변한 땅뙈기조차 없이 목수의 잡일이나 거드는 일꾼의 아들이었으니 언감생심 반장을 꿈꿀 일도 없다. 오죽하면 담임 선생님에게 반장을 취소시켜 달라고 졸랐을까.

지진도마뱀이 반장이 되자 수군대는 아이들이 많았다. 담임인 네모메기 선생님이 폭군도마뱀의 아버지에게 미움을 샀다는 소문도 있고, 학교에 앉은뱅이책상을 납품한 난두머리 대목 털보 할아버지가 특별히 교장 선생님에게 청을 넣었다는 후문도 있다.

나라초등학교의 반장 선출은 전적으로 담임 선생님의 권한이다. 네모메기 선생님이 교장 선생님에게 해명한 바에 의하면 지진도마뱀이 반장이 된 까닭은 다른 데 있다. 네모메기 선생님이 4학년 2학기의 학생 교과활동 계획을 참작하여 교실 안에서의 리더십보다 교실 밖의 리더십에 무게를 두고 반장을 뽑은 것이다.

사실 어느 학교에서도 지진도마뱀의 출신, 성적은 반장 역할을 수행하는 데 많은 제약요인이 되었을 것이다. 그런 까닭에 처음에는 4학년 학생 모두가 지진도마뱀을 반장으로 인정하지 않는 분위기였다. 유리창 청소를 시키면 복도 청소를 하겠다고 어깃장 부리는 분단이 있는가 하면, 지진도마뱀의 등·하굣길에 함정을 파놓는 아이들도 있다. 두개의기둥도 여기에 앞장섰던 아이이다.

그러나 **나라**초등학교에서 가장 먼 동네인 난두머리에서 앉은 뱅이책상을 나르는 데 솔선수범했고 한티보에 빠진 고대의날개를 구하고부터는 많은 아이들이 지진도마뱀을 반장으로 인정하기 시작했다. 이제 지진도마뱀을 반장으로 인정하지 않는 아이들은 폭군도마뱀과 두개의기둥, 새벽의약탈자 등 읍내 아이들 뿐이었다. 이 아이들은 폭군도마뱀이 반장이 되어야 여러 이점이 있다고 생각해서 사사건건 흉보거나 비웃는 일을 그치지 않았다.

지진도마뱀이 학생들에게 백 퍼센트 신임을 받게 된 계기는 왕개미 사건이다. 도리깨의 속임수와 폭력으로부터 두개의기둥과 폭군도마뱀을 보호하자 폭군도마뱀과 두개의기둥이 앞장서서 읍내 아이들을 데리고 지진도마뱀의 품으로 돌아왔다.

이제 4학년 교실에서 제멋대로 떠들거나 반장의 말을 듣지 않는 아이들은 없다. 예전 같으면 휴식시간에 장난을 쳐 교실을 어지럽히던 아이들도 언제 그랬냐 싶다. 방과 후 청소시간에도 음악시간에 배운 동요를 합창하는 진풍경이 연출되고 있다. 4학년 아이들이 청소를 하건, 나무를 하건 그 중심에는 지진도마뱀의 늠름한 모습이 꼭 있다.

이 모습을 보자 교장 선생님도 매우 흐뭇한 모양이다. 교무회의 때 담임인 네모메기 선생님을 격려하며 여러 선생님에게 말했다.

"불가능한 일을 한 사람이 해내면 사건이지만, 여러 사람이 해내면 기적이 되지요. 지금 4학년 교실에 기적이 일어나고 있어요. 잠깐, 모세의 기적은 그게 아닌가?"

나라초등학교엔 풍금이 하나밖에 없다. 이 풍금은 **나라**초등학교의 보물 1호로 교무실에 보관된다. 풍금을 칠 줄 아는 선생님도 따오기 선생님뿐이다.

음악시간이 되면 교무실에 보관된 풍금이 교실로 옮겨지고 수업은 따오기 선생님이 전담한다. 예를 들어, 4학년이 음악시간이면 네모메기 선생님이 따오기 선생님 담임인 1학년 수업을 맡고, 따오기 선생님이 4학년 음악을 가르친다. 마찬가지로, 6학년이 음악시간이면 세모빠가 선생님이 1학년 수업을 맡는다.

만약 따오기 선생님이 아프거나 사정이 생겨 자리를 비웠을 때는 어떻게 될까? **나라**초등학교엔 음악시간이 없다.

여기는 4학년 교실. 다음은 음악시간이다.

음악시간이 되면 아이들의 표정엔 설렘이 있다. 노래를 싫어하는 아이들까지 그런 것은 아니지만.

교실 문 앞에서 지진도마뱀과 폭군도마뱀이 초조하게 누군가를 기다린다. 지진도마뱀, 폭군도마뱀, 두개의기둥, 새벽의약탈자가 풍금 운반조인데 두 명이 나타나지 않은 것이다.

"어떻게 하지. 더 늦으면 안 되는데."

"곧 올 거야. 조금만 더……."

지진도마뱀과 폭군도마뱀이 안절부절못하는 사이 두개의기둥과 새벽의약탈자가 헐떡거리며 뛰어왔다. 논두렁을 헤맨 듯바지 밑에 흙이 묻어 있다. 두개의기둥의 손엔 가정용 큰 성냥통이 들려 있다.

"시간 늦겠다. 빨리 풍금을 옮겨야 해."

"미안!"

지진도마뱀이 찌푸린 낯을 풀고 앞장서 교무실 쪽으로 걸어가며 두개의기둥과 새벽의약탈자를 돌아보았다. 두 아이들은 미안한 기색이다.

"그런데 두개의기둥."

"응, 반장."

"요새도 6학년 아이들하고 왕개미 경주 하니?

"아니! 이젠 우리 반 아이들하고도 안 해!"

"그런데 웬 성냥갑?"

"아, 이~거. 보다시피 이건 부엌에서나 쓰는 큰 성냥통이잖아. 왕개미가 살기엔 너무 큰 집이란 말이지!"

"그 안에 뭐가 있는데?"

"…… 묻지 말아줘."

"비밀이니?"

"나는 사실 반장이 물으면 정직하게 대답하고 싶거든. 지금은 묻지 않았으면 좋겠어."

"그래? 그렇다면 묻지 않으마."

또각, 또각, 또각.

복도를 걷는 뾰족구두 소리가 들린다. 교실에 앉아 있는 아이들은 뾰족구두를 신은 사람이 누구인지를 안다. 교실 문이 열린다. 따오기 선생님이다. 음악수업을 하러 오는 따오기 선생님의 걸음걸이는 여느 때보다 훨씬 음률적이고 낭랑하다.

따오기 선생님이 교실 문을 닫았다. 그리고 연단에 오른다. 입술이 빨갛다.

따오기 선생님의 음악수업엔 패턴이 있다. 학생들을 휘~ 둘러본 다음 악보로 연단을 톡톡 치며 늘 앵무새 같은 말을 반복하며 시작한다. 오늘도 같다.

"여러분, 음악은 인생을 어떻게 만들죠?"

"아름답게 만들어요." 하고 학생들이 일제히 대답한다.

"어디 보자. 원시거북은 대답을 안 하는구나. 너는 음악이 싫으니?"

"그건 아닌데, 잠시 생각하느라고 대답을 못 했어요."

"뭘 생각했는데?"

"네모메기 선생님께서 말씀하시기를 시詩도 인생을 아름답게 만든다고 하셨기에……"

"노래는 생각할 게 없단다. 그냥 부르면 즐겁고 인생이 아름다워진단다."

"선생님 말씀은, 생각하면 슬퍼지고 인생이 아름다워지지 않는다는 뜻인가요?"

"그건 아니다만, 생각하지 않고 즐거우면 더 좋은 게 아니겠니?"

"저는 잘 모르겠어요."

"흠, 네가 시를 잘 짓는다고 자랑하고 싶은 게냐?"

"요즈음엔 잘 못 쓰는데요."

"왜 못 쓰는데?"

"왜 그런지 모르지만 창밖을 보면 물체가 어른거리고 시상이 떠오르지 않아요. 집에선 가게를 보아야 하기도 하고요."

"시를 못 쓰면 네 마음이 어떠냐?"

"답답하고 우울해요."

"그것 봐라. 시라는 것은 잘 쓰일 때만 아름다운 거란다. 노래는 다르지. 이 세상에 노래를 부를 줄 모르는 사람은 없다. 다만, 잘 부르고 못 부르는 차이만 있을 뿐. 비록 노래를 못 부르는 사람일지라도 자기가 좋아하는 노래를 부르면 그 사람의 인생이 아름다워진단다. 음악이야말로 인간을 아름답게 만드는 세상에서 가장 평등한 장치란다!"

이렇게 시작해 놓고 정작 수업시간에는 노래를 잘 부르는 학생과 못 부르는 학생들을 구분하고, 심지어는 노래 잘하는 타 학년 학생들까지 뽑아다가 독창이니 합창을 하게 해서 노래 못 하는 학생들을 밀어내버리니, 그 학생들에게는 음악이 전혀 자신을 아름답게 만들지도 않고 평등한 장치도 되지 못하게 만든다.

따오기 선생님은 음악시간만큼은 모든 학생들을 평등하고 아름답게 만들고 싶다. 그러나 이 꿈이 절실할수록 스스로의 세계도 불평등하고 아름답지 못하게 되어 가고 있다.

이제 따오기 선생님이 풍금을 칠 시간이다. 따오기 선생님은 풍금 칠 때가 가장 예쁘고 기품 있게 보이려고 노력한다. 그녀의 하얀 손엔 악보가 들려 있다. 풍금 뒤 의자에 허리를 곧추세워 앉는 따오기 선생님은 한 마리의 새가 곧 날개를 펼칠 듯하다. 하얀 옷을 입었을 때는 하얀 새가, 초록 옷을 입었을 때는 초록색의 새가 된다.

따오기 선생님이 학생들을 쭉 둘러본다. 대개의 표정은 밝다. 그러나 폭군도마뱀과 두개의기둥은 밝다고 볼 수 없는 표정이다. 이 아이들에게 음악시간은 결코 기쁨을 주지 않기 때문이다.

폭군도마뱀은 모든 학과에서 1등을 고수했지만 음악 실기에서만큼은 좋은 점수를 받은 일이 없다. 읍내에서 유일하게 집에 풍금이 있어 건반을 다룰 줄 알았지만 목소리가 따라주질 않으니 어쩌겠는가.

여기에 비하면 두개의기둥은 필기성적도 나쁘고 실기는 바닥 수준이다. 타고난 성대가 '미' 음계를 넘지 못해서 따오기 선생님이 '미달이'라고 놀린다.

따오기 선생님은 귀엽다는 표시로 두개의기둥을 '미달이'라고 부르지만, 두개의기둥은 노래를 부르지 못하는 아이란 뜻으로 '미달이'를 받아들인다. 따오기 선생님의 웃음이 두개의기둥에게는 비웃음으로 변하니, 두개의기둥은 따오기 선생님을 골탕 먹일 기회만 엿보고 있다.

"두개의기둥!"

따오기 선생님이 미소를 지으며 불렀다.

"예."

두개의기둥은 무뚝뚝하게 대답한다.

"오늘은 무슨 동요를 배우고 싶니?"

"…… 따오기!"

따오기 선생님의 낯빛이 흐려진다. 따오기 선생님은 따오기로 불리는 것을 가장 싫어한다. 따오기란, '따옴표'를 뜻하는데 선생님들이 붙여준 별명이다. 따오기 선생님의 말 중에 책에서 따온 말과 남의 말 말고는 남는 게 없다는 뜻이다.

"호호호호, 두개의기둥! 따오기는 부르는 사람에 따라 다르다는 걸 알아두렴. 네가 만약 따오기를 부르면 분명히 흉측할 거야. '고향생각'은 다르지. 노래를 잘하는 사람이나 못하는 사람도 마음속에 그리는 고향은 아름다우니까. 자, 여러분. 오늘은 '고향생각'을 배우도록 하자!"

따오기 선생님이 목을 세우고 두 손목을 푼 다음 풍금의 뚜껑을 열었다. 아차, 이건 뭐야?

순간, 건반 위에서 무언가가 포물선을 그리며 폴짝 뛰었다! 그런데 그게 예사 것이 아니다. 가슴 속 어두운 곳에 웅크리고 있던 악령이 몸을 비집고 튀어나와 살아 움직이는 것 같다.

"아이쿠, 엄마!"

사실, 개구리가 뛴 것인데 개구리가 풍금 속에 있으리라곤 짐작조차 못했던 따오기 선생님은 그것이 무엇인지도 모르고 질겁하며 벌러덩 넘어졌다. 학생들은 건반에서 무엇이 뛰었는지

알 겨를이 없다. 그리고 더 큰 문
제가 곧바로 터져버렸다.

건반 위에서 교실 바닥으로 뛰어내
린 개구리가 큰 눈을 두리번거리다 피한다는 것
이 따오기 선생님의 치마 속으로 폴짝 뛰어들
어가버린 것이다.

"어~ 어! 아이고!"

따오기 선생님의 손과 발이 허공을 헤집
는다. 치마가 뒤집어지고 속옷이 드러난 것을 알 길이 없는 따
오기 선생님은 앉은 채로 방방 뛰며 "아이고 엄마, 아이고 아버
지!"를 외치더니 꼴깍꼴깍 숨이 넘어가는 소리를 낸다.

지진도마뱀이 교무실로 뛰어갔으나 아무도 없자 6학년 교실
로 뛰어가 세모빠가 선생님에게 알렸다. 세모빠가 선생님이 허
겁지겁 달려오고 그 뒤로 6학년 학생들, 도리깨, 갈고리, 나래,
쟁기가 뒤따랐다.

따오기 선생님은 두 손으로 가슴을 가리고 다리를 꼰 채 딸꾹
질만 반복하고 있다. 두 눈동자는 허공에 매달려 있다. 세모빠가
선생님이 인공호흡을 하고 두 팔을 주무르자 따오기 선생님이
가까스로 일어났다. 여학생들은 손바닥으로 눈을 가리고 있다.

그 사이 개구리는 어디로 뛰어갔는지 보이지 않는다. 세모빠
가 선생님이 까닭을 물으나 아직도 정신이 밖에 있는 따오기 선
생님은 묵묵부답이다. 누군가가 풍금에서 개구리가 나왔다고 말

했지만 이 말을 당황한 세모빠가 선생님이 옳게 들을 리 없다.

세모빠가 선생님이 따오기 선생님을 업고 부리나케 읍내 보건소로 뛰었다. 그 뒤를 나래와 쟁기가 분주하게 뛰어간다.

이제 교실엔 도리깨와 갈고리, 그 외 6학년 몇 명과 4학년 학생들이 남아 있다. 도리깨가 식식대며 연단에 올랐다.

"흠, 풍금에서 개구리가 나왔다고? 누구 짓이야!"

두개의기둥에게 도리깨는 딱정벌레 같다. 도리깨가 두개의기둥을 쏘아보니 두개의기둥은 가슴이 조여온다.

4학년 아이들은 아무도 대답하지 않는다.

"나오지 않으면 너희들 다 기합받을 줄 알아!"

도리깨는 곧 기합을 줄 것처럼 으쓱거렸다. 지진도마뱀이 자리에서 일어나 천천히 연단으로 올라간다. 성난 사자 같은 표정이다.

"뭐 기합을 준다고? 너희들이 뭔데?"

"왜 못 해, 우리들은 6학년이야."

"4학년엔 4학년 담임이 있고 반장도 있어. 6학년이라고 해서 마음대로 할 순 없지. 나가!"

"못 나가!"

도리깨가 약간 주눅 든 태도를 보이자 갈고리와 6학년 학생들이 연단으로 올라가려고 했으나 지진도마뱀이 넓은 가슴으로 막았다. 폭군도마뱀, 두개의기둥, 새벽의약탈자가 지진도마뱀의 등 뒤에 바짝 붙어 섰다. 두 패가 으르렁거리고 마주 보고 있을 때 교장 선생님이 왔다.

"방금 읍내에서 소식을 받았다. 따오기 선생님은 정신이 돌아왔다고 한다. 보건소장 말씀이 무언가에 놀라서 잠시 기절했다고 하니 제군들은 걱정을 풀기 바란다. 그런데 왜 이리 소란한가?"

"풍금에서 개구리가 튀어나와 따오기 선생님이 기절하신 것입니다. 우리 6학년들이 누구의 소행인지 밝히고자……."

도리깨의 대답이다.

"그래?"

교장 선생님이 고개를 끄덕인다. 동의하는 기색이다. 지진도마뱀이 나섰다.

"저는 4학년 반장, 지진도마뱀입니다. 곧 담임 선생님이 오실 것입니다만, 오시기 전이라도 반장인 제가 밝혀야 할 문제입니다. 6학년은 6학년일 뿐이지 4학년을 가르쳐야 할 위치에 있는 것은 아니지 않습니까?"

"그래? 네 이야기도 옳은 듯하구나."

교장 선생님이 또 고개를 주억거리자 두 패가 서로를 쳐다볼 뿐 말문이 막힌다. 도대체 어찌하라는 거야?

"그런데 묘한 일이구나. 어떻게 풍금에서 개구리가 나올 수 있니? 어쨌든 이 일은 따오기 선생님이 오셔야 밝혀질 것 같구나. 그러니 6학년 학생들은 6학년 교실로 돌아가도록 하여라."

6학년 학생들이 마지못해 문 쪽으로 걸어간다. 도리깨도 어쩔 수 없다는 듯 어깨를 조이고 연단을 내려와 문 쪽으로 가다가 지진도마뱀의 팔을 툭 치며 뇌까렸다.

"우리 선생님과 따오기 선생님이 어떤 사이인지 알겠지? 내가 반드시 범인을 잡고 말 테야!"

"어림없는 소리! 우리 교실 일은 우리가 해!"

지진도마뱀도 도리깨의 팔뚝을 밀어젖히며 쏘아본다.

"본때를 보여줄 때가 온 것 같구나, 지진도마뱀!"

"언제든지."

"내일 모레가 달이 뜨지 않는 그믐이다. 그날 밤 7시에 여기서 붙자. 어때?"

"좋다! 혼자 올 거지?"

"그건, 말할 수 없어."

"6학년이면 6학년답게 정의로워야지, 안 그래?"

"흥, 내 맘이야. 까불지 마!"

6학년들이 나가자 교단엔 교장 선생님 혼자 멀뚱히 귀를 파고 서 있다.

이놈들이 그믐이 어쩌고 정의가 어쩌고 했는데 무슨 말인지 연결이 안 된다. 귀는 다 들었는데 머리에서 정리가 안 된다면 세대차이이고 귀에서 반만 들은 거라면 늙은 탓이다.

허허 고약한지고!

정신을 가다듬고 앞을 보니 두개의기둥이 보인다.

"얘야, 두개의기둥! 방금 도리깨와 지진도마뱀이 그믐이 어쩌고 정의가 어쩌고 했는데……. 그게 무슨 말이냐?"

두개의기둥도 확실히 듣지는 못한 모양이다. 대답이 심드렁
하다.

"그런 게 있나 봐요."

"그건 착한 학생의 답변이 아니다. 그런 게 뭔가를 말해야지?"

"제가 추측하기에는 왕개미와 관련이 있는 듯해요."

"개구리가 아니고 왕개미라? 따오기 선생님이 개구리에 놀란
것이 아니더냐?"

"저도 자세히는 모르겠어요. 도리깨 형이 말한 건 왕개미와
관련된 일일 거예요."

"두개의기둥, 네 말은 참 어렵구나."

교장 선생님이 두개의기둥의 코를 비튼다. 이때 문밖에서 지
진도마뱀이 들어왔다.

"얘야, 반장! 도리깨가 너에게 뭐라고 속삭인 게냐? 두개의기
둥 말로는 왕개미와 관련이 있다고 하더라만, 개구리와 관련된
게 아니더냐?"

"왕개미도 맞고 개구리도 맞아요."

지진도마뱀이 잠시 생각하더니 씩 웃으며 대답한다. 그의 대
답에는 정직함이 묻어 있다.

"왕개미와 개구리가 같은 거니?"

두개의기둥이 답답한 듯 고개를 흔들며 나섰다.

"왕개미는 왕개미이고 개구리는 개구리이죠. 전혀 달라요! 왕

개미는 작은 성냥갑에 넣을 수 있지만 개구리는 넣을 수 없잖아요!"

"하여튼 나는 잘 모르겠다만, 무슨 일을 하든 소년들이 하는 일은 정의로워야 하느니라."

교장 선생님은 언제나처럼 고개를 구부정히 하고 뒷짐을 진 채 두루미처럼 휘청휘청 4학년 교실을 나선다.

흠, 왕개미는 작은 성냥갑에 넣을 수 있지만 개구리는 더 큰 게 필요하단 말이렸다. 집이 다르다는 말인데…….

> 군자불기 君子不器라는 말이 있느니라. 세상에 그릇이 문제가 된 적은 없다. 집이 크든 작든 무슨 상관이 있을라고……. 거기 사는 사람이 누구인가가 중요한 게야.

군자불기 (君子不器)

군자는 일정한 용도로 쓰이는 그릇과 같은 것이 아니라는 뜻으로, 군자는 한 가지 재능에만 얽매이지 않고 두루 살피고 원만하다는 말이다.

답은 왕개미와 개구리에 있다.

두고 보라지. 우리 학교에 왕개미와 개구리는 얼씬도 못 하게 만들 테다!

뒤를 돌아보니 아이들이 보이지 않는다. 교장 선생님은 자신도 모르게 뒷짐을 풀고 호주머니에 손을 넣어 무언가를 더듬었다.

빈자리 메우기

　흐린 날이다. 안개인가 구름인가 알 수 없는 것이 내려앉아 시야를 가린다. 나라초등학교의 뒷산은 보이지 않는다.

　논과 밭 사이엔 길이 있다. 흙길이다. 길 양옆엔 말라비틀어진 코스모스 줄기들이 제 멋대로 바람에 스친다.

　한 노인이 소달구지를 끌고 흙길을 간다. 이 달구지는 **나라**초등학교 뒤로 가다가 소나무 숲 어디에선가 사라질 것이다. 그러나 보이지 않는 달구지의 행선지는 소나무 숲 건너 외진 마을일 게 분명하다. 이 길은 외길이고 **나라**초등학교를 기준으로 하면 교장 선생님의 관사 반대편이 되기 때문이다.

　흙길에는 달구지의 바퀴 자리가 철길처럼 일정한 간격으로 깊게 패여 있다. 노인과 소가 먼 산을 보고 가지만 달구지는 정해진 길을 벗어나지 않는다.

　그 달구지를 따라 똥장군을 지고 성큼성큼 걸어오던 전 장군이 지게를 길섶에 받혀 놓고 얼굴과 목에 밴 땀을 닦는다. 산 쪽의 황량한 밭엔 콩 가리가, 텅 빈 논 가운데엔 짚단이 군데군데 고깔처럼 서 있다.

전 장군이 고깔을 물끄러미 보면서 피식 웃는다. 구레나룻도 아니고 턱수염이라고 볼 수 없는 성긴 털들이 입 언저리에서 꼬물거린다. 장가도 안 간 터수에 고분고분한 아내와 예쁜 딸을 상상하고 딸의 머리에 고깔을 씌워주는 모습을 연상하였을 게다.

전 장군이 코밑의 땀을 훔치고 있는데 도리깨와 갈고리, 나래, 따비가 오고 있다. 도리깨는 도리깨를, 갈고리는 갈고리를, 나래는 나래를, 따비는 따비를 어깨에 둘러메고 있다.

"얘들아, 너희들이 각기 제 이름을 어깨에 메고 가는 걸 보니 보기가 좋구나. 곧 날이 저물고 어두울 텐데 어딜 가는 게냐?"

"일하러 가는 뎁쇼."

도리깨가 시큰둥하게 목례를 하고 맨 먼저 지나갔다.

"농사가 많은 집인 게로구나. 콩 터는 도리깨, 곡식을 고르는 나래, 풀을 뽑고 땅을 고르는 따비와 갈고리가 같이 가는 걸 보니……."

"그럼요. 대궐 같은 집에 운동장도 있는 걸요."

맨 뒤에 따라가던 나래가 잠시 걸음을 멈춰 선 다음 전 장군을 보고 심드렁히 대답했다.

"이건 말이다. 내 경험인데 부잣집일수록 마무리를 잘해야 한단다."

전 장군을 스친 세 아이들이 걸음을 멈추고 뒤를 돌아본다. 나래가 물었다.

"그게 무슨 의미죠?"

"부잣집은 마무리가 안 되면 꼭 품삯을 깎는 버릇이 있더란 말이다."

"아~, 예, 대충은 알아요."

네 아이들은 히죽히죽 웃으며 가던 길을 서두른다. 이 아이들은 곧 전 장군의 시야에서 사라졌다. 소나무 숲과 정자가 있는 지점이다.

나라초등학교 앞을 가로지르는 신작로를 따라가면 다리가 있고 그 길을 계속 가면 아래 읍내와 통한다. 이 다리는 난두머리로 가는 물길을 건너고 난두머리는 다리 앞 샛길로 가야 한다.

날이 저물어 다리의 그림자가 난두머리로 흐르는 물에 어둡게 떠 있다. 비록 고체일지라도 떠 있는 것은 불안하다.

폭군도마뱀, 두개의기둥이 초조한 표정으로 다리 난간에 기대어 있다. 폭군도마뱀은 **나라**초등학교와 난두머리 쪽을 연신 두리번거리고, 두개의기둥은 호주머니에서 무언가를 계속 꺼내 먹는다.

나라초등학교 쪽에서 새벽의약탈자가 가쁜 숨을 몰아쉬며 뛰어왔다.

"왜 이리 늦는 거니? 한참 기다렸잖아!"

두 개의기둥은 화를 내고 새벽의약탈자는 헉헉댄다.

"큰일 나겠어!"

"뭐가 큰일이라는 거야?"

"오는 길에 6학년 형들이 떼를 지어 가기에 쫓아가봤는데, 지금 소나무 숲 정자에 있어."

"누구와 누가 있는데?"

폭군도마뱀이 묻는다.

"도리깨, 갈고리, 나래, 따비가 자기 이름과 같은 연장을 들고 모여 앉아 소근대는데, 작전을 짜는 게 아닐까?"

"그렇다면 가지고 있는 게 연장이 아니라 무기야. 야비하군. 깡패도 아닌 학생들이 무기를 가지고 있다는 것이!"

"아직, 반장은 지나가지 않았지?"

"응, 곧 올 거야."

두 개의기둥이 난두머리 쪽을 바라보며 말했다.

"알려줘야 해. 우리도 같이 가야 하는 거 아냐?"

"글쎄, 그래야 할 것 같은데, 지진도마뱀이 뭐라고 할지."

두 개의기둥은 난간에 흩어진 돌을 주워 모으고 있다. 돌들이 얼음장 같이 차다. 도리깨가 도리깨를, 갈고리가 갈고리를 든 것처럼 무기로 쓸 모양인가 보다. 얼굴이 붉게 물들고 이마엔 결기가 솟아 있다.

멀리서 지진도마뱀의 모습이 보인다. 지진도마뱀은 방죽 길을 따라 마른 잡초를 헤치며 담담하게 걸어왔다. 맨몸이다. 두개의기둥이 호들갑스럽게 지진도마뱀의 옷깃을 잡아당기며 말했다.

"반장, 큰일이야. 지금 6학년 형들이 소나무 숲 정자에 모여 있어"

"네가 보았니?"

"아니, 새벽의약탈자가 보았는데, 도리깨, 갈고리, 나래, 따비를 가지고 있대!"

"흠, 아직은 이름을 가지고 있군. 그걸 무기로 쓸 모양이지?"

"반장, 우리도 합세하는 게 좋을 것 같아."

폭군도마뱀이 근심스런 표정으로 지진도마뱀을 쳐다본다. 지진도마뱀은 결연히 고개를 저었다.

"안 돼! 같이 가면 우리가 6학년을 상대로 패싸움을 한 꼴이 되지 않겠니? 그렇게 되면 연장을 무기로 쓰겠지. 그게 쟤들의 비열한 작전일 거야."

"그렇지만 혼자 갔다 간 큰일이 날 수도……."

"걱정 말아. 나는 혼자인데 여럿이 연장을 무기로 쓰지는 못할 거야."

"여럿과 싸우면 반장이 맞게 되잖아. 그렇게 할 수는 없어!"

"흠, 그럴 수도 있겠지. 그러면 상급생이 떼지어 부당하게 하급생에게 폭력을 쓴 게 되겠지. 안 그래?"

"그렇지만 반장이 코피가 나고 팔이 부러질지도……."

"나는 지면서 이기는 방법을 택한 거야."

두개의기둥이 발을 동동 구르자 지진도마뱀이 자세를 반듯이 하고 의연히 물었다.

"두개의기둥, 이젠 분명히 말할 수 있겠니? 성냥통에 개구리 가 있었지?"

"응."

"왜 넣었니?"

"'미달이'라고 놀려서 따오기 선생님을 골탕 먹이려고 장난친 건데 선생님이 기절하셔서 나도 놀랐어. 지금은 후회가 돼."

"알았다!"

"내가 잘못했어, 반장."

"나도 네가 장난친 걸 안다. 그러나 6학년 아이들은 너를 범 인으로 몰고 있어. 장난과 범죄는 다른 거야. 걱정하지 마. 나는 반장이니까……, 내가 해결해줄게."

"그래도……."

"자, 나는 간다. 너희들은 오지 마!"

지진도마뱀은 뒤도 돌아보지 않고 흙길을 따라 성큼성큼 걸 어갔다. 폭군도마뱀, 두개의기둥, 새벽의약탈자는 멀뚱히 서서 지진도마뱀의 뒷모습을 바라볼 수밖에.

지진도마뱀의 모습이 흐려지더니 학교 뒷문 즈음에서 안개에 묻혔다.

밤이 되었다. 날씨는 점점 추워진다. 하늘엔 달이 없다. 사방 이 고요한 가운데 터진 구름 사이로 별이 총총히 떠 있다.

폭군도마뱀, 두개의기둥, 새벽의약탈자는 아직도 다리에 있다. 두개의기둥은 난간에 쭈구리고 앉아 있고 폭군도마뱀과 새벽의약탈자는 난간 주변을 서성인다. 주위는 어둡고 깜깜하다. 다리 밑으로 흐르는 물소리만 들린다.

"우리들도 학교에 가봐야 하지 않을까?"

"반장이 오지 말라고 다짐을 하고 갔으니, 기다려야지."

"폭군도마뱀, 네가 반장이었다면 어떻게 했을 것 같니?"

"나 같으면 이런 상황이 오지도 않았어."

"그 말은 지진도마뱀이 잘못한 거란 말이지?"

"아니, 나라면 이런 현실을 만들지 않았을 거란 말이지. 그러나 나의 뜻과 다르게 이런 현실이 온다면 나도 지진도마뱀처럼 행동하고 싶어. 사실은 그렇게 하지 못할 수도 있지만……."

"지진도마뱀은 공부를 잘하진 못하지만 용감하고 믿음직스러워! 반장이 무사해야 할 텐데."

새벽의약탈자와 폭군도마뱀이 추위에 떨며 불안한 눈빛으로 서로를 바라본다. 하얀 빛으로 다리 밑 수초를 오고 가는 벌레들이 보인다.

"반딧불이일까?"

"반딧불이는 6월이 제철인데……. 아닐 거야. 지금은 추워서 살 수 없을 걸."

"그럼 뭐지?"

"반딧불이를 닮은 하얀 벌레일 거야."

"그런데 왜 빛이 나지?"

"밤이니까 하얀 게 빛처럼 보이겠지."

"어둠은 참 신기해. 비슷한 것을 같게 만드는 비밀이 있어."

두개의기둥은 쪼그려 앉은 채로 호주머니에서 무언가를 끊임없이 꺼내 먹고 있다. 폭군도마뱀이 싫은 내색의 눈총을 보내지만 두개의기둥은 빵빵한 호주머니가 텅 빌 때까지 그 기미를 알아채지 못한다. 호주머니가 텅 비자 두개의기둥은 앞자락에 모아두었던 돌을 빈 호주머니에 주섬주섬 넣고 있다.

두개의기둥은 호주머니가 배처럼 빵빵해지자 제풀에 지쳐 난간에 쪼그려 앉더니 두 팔로 풍뎅이처럼 제 목을 감싸 안았다. 눈꺼풀이 무거운지 머리가 아래쪽으로 기울어진다. 폭군도마뱀과 새벽의약탈자가 그 모습을 보고 혀를 찼지만 두개의기둥의 코에서는 이미 문풍지가 떠는 것 같은 진동이 울려 퍼진다.

멀리서 상여가 온다. 꽃상여다.

그런데 이 상여는 행길로 오는 것인가, 구름을 타고 오는 것인가? 상여의 아래를 가리고 있는 것이 구름인지 억새풀인지 알 수 없다.

긴 행렬이다. 만장을 든 사람들만 해도 수십 명이 넘는다.

상여의 행렬이 가까이 오자 상두들의 모습이 보인다. 맨 앞에 난두머리 대목 할아버지가 누런 삼베옷을 입고 한 손에 든 요령을 흔들며 구슬프게 만가를 선창하면 뒤따르는 상두들이 후창을 한다.

"어~노, 어~노
어이 가리 넘차 너와너
앞산도 첩첩하고
뒷산도 첩첩한데
어느 누가 가려는가!"
"어~노, 어~노
어이 가리 넘차 너와너."

상두들의 중간에 전 장군, 대장간 조수의 모습이 보인다. 경건한 표정들이다.

두개의기둥이 보기에 꽃상여는 마치 잔잔한 물 위를 떠가고 있는 배와 같다. 어쩌면 상두들이 발걸음과 어깨의 균형을 잘 맞춘 탓인지도 모른다.

전 장군과 두개의기둥이 눈을 마주쳤다. 두개의기둥은 추위에 떨고 전 장군은 땀을 흘린다. 가깝고도 먼 거리이다.

두개의기둥이 큰 소리로 물었다.

"아저씨, 누구예요?"

"네가 나를 모르느냐?"

"아니, 상여의 주인이 누구냐고요?"

"읍내 공동기금으로 만든 것이니 우리 모두가 주인이란다."

"아니, 상여 안에 있는 사람, 죽은 사람이 누구냐고요!"

"글쎄다, 나는 모른다."

"그런데 왜 거기 계세요?"

"아, 빈자리가 있어서 메운 것이란다."

"그런 멍청한 대답이 어디 있어요? 누가 죽었는지도 모르며 상여를 메다니!"

"얘야, 두개의기둥! 구멍 난 돌담을 생각해보렴. 아귀를 맞추는 일이 멍청한 건 아니란다!"

"아저씨는 진작부터 아빠 말을 들었어야 했어요. 그렇지 않으니까 장가도 못 가고 만날 남의 뒤치다꺼리만 하지! 바보, 멍청이!"

두개의기둥이 난간에 웅크리고 앉아 꾸벅꾸벅 졸다가 손을 휘저으며 소리를 지르자 새벽의약탈자가 다가와 등을 두드렸다. 두개의기둥이 잠에서 깨어나 차갑게 떠 있는 하늘을 본다.

"우린 추위에 가슴을 졸이고 있는데 잠꼬대를 하다니, 정신 차려라 두개의기둥!"

"아, 꿈이었구나. 저기로 꽃상여가 지나갔어."

두개의기둥이 하늘을 본다.

"어디?"

"저기 일곱 개의 별이 있는 곳."

두개의기둥이 북두칠성을 가리켰다. 거기 흘러가는 구름 위에 일곱 개의 별이 뒤집혀진 바가지처럼 걸려 있다. 기억을 더듬어보니 난두머리 대목 할아버지가 첫 번째 별자리, 전 장군이 다섯 번째 별자리에 있었다. 만약 다섯 번째 별자리에 구멍이 나면 정말 쓸모없는 바가지가 될 게 분명할 듯하다.

"저 똥바가지 같은 별 말이냐?"

"응."

"구름에 얹힌 게 상여 같기는 하네."

"그렇지?"

"저 별들은 작은곰자리인데 큰곰자리를 알려주는 별이지. 큰 곰자리가 보이지 않을 때 저 별로 큰곰자리의 위치를 가늠할 수 있단다."

폭군도마뱀이 두개의기둥 어깨를 치며 말했다.

"흠, 빈자리를 알려주는 별이라고? 이건 꿈이 아닌지도 몰라. 멍청한 우리 똥장군 아저씨와 똑같은 별이라니……."

두개의기둥이 기지개를 켜며 소리쳤다.

폭군도마뱀과 새벽의약탈자 이마에 의문부호가 걸렸다.

그리고 한참 후, 한밤중에 **나라**초등학교에 갑자기 불이 켜졌다. 어느 한 교실을 밝힌 불빛이 아니다. 교실마다 연쇄적으로 불이 켜지고 몇 개의 움직이는 불덩이들이 운동장에서 움직인다.

묘한 불빛이다. 이 불빛들은 퍼짐이 있고, 울림이 있고, 어떤 암시를 내포한 회오리처럼 **나라**초등학교의 지붕 위로 올라가고 있다.

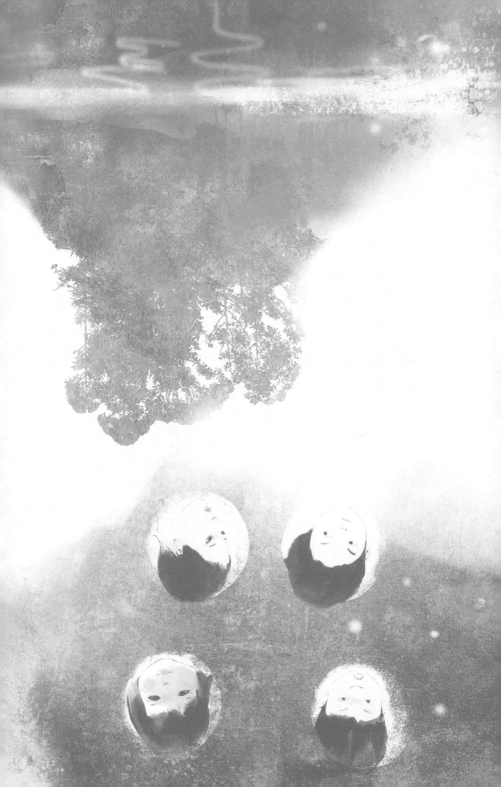

한밤중에 학교에 불이 켜졌던 적이 있던가? 없다.

불길을 바라보는 폭군도마뱀, 두개의기둥, 새벽의약탈자는 왠지 불안하다.

나라초등학교의 울타리들이 검은 옷을 입은 장승처럼 우울하게 서 있고 뒷산 날맹이(산봉우리의 방언)가 하늘과 선명한 경계를 이루고 있다. 학교와 뒷산, 하늘이 이렇게 선명하게 구획되어졌던 적은 없었다.

"이게 뭐지?"

"가봐야 되는 거 아냐?"

읍내 쪽에서도 학교로 통하는 길 위에 손전등이 번쩍이고 기름 불덩이가 도깨비불처럼 춤을 춘다. 이 불길들이 다리가 달린 것처럼 하얀 연무와 더불어 **나라**초등학교 쪽으로 움직이고 있다. 폭군도마뱀, 두개의기둥, 새벽의약탈자도 논과 밭 사이로 터진 흙길을 향해 질주했다.

나라초등학교는 대낮처럼 밝다. 몇몇 건장한 사람들이 서둘러 교실로 들어가고 검은 복장의 사나이들이 확대경을 들고 4학년 교실 밖 정원을 훑는다. 뒤미처 교장 선생님과 네모메기 선생님이 황급히 교무실로 뛰어갔다.

폭군도마뱀, 두개의기둥, 새벽의약탈자는 발만 동동 구를 뿐 학교에 들어가지 못하고 있다. 학교 입구에 출입금지 말뚝을 세우고 정복을 입은 경찰들이 출입을 통제했기 때문이다. 운동장엔 불이 난 줄 알고 출동했던 의용소방대원들이 어정쩡히 서 있는 모습이 보인다.

"경찰 아저씨, 무슨 일인가요?"

두개의기둥이 통제선상에 있는 젊은 경찰에게 물었다. 젊은 경찰이 퉁명스럽게 대답한다.

"사람이 죽었다는구나. 관계자 이외에는 아무도 들어갈 수 없다!"

"우리는 이 학교의 학생들이에요. 왜 못 들어가죠?"

"너희들은 관계자가 아니다!"

"무슨 사고인데요? 학생이 죽었나요?"

"글쎄다. 아직은 모른다. 수사를 해봐야겠지."

"경찰 아저씨, 그것도 모르고 출입을 통제하나요?"

"허허 요놈 봐라. 모르니까 통제를 하지, 알면 왜 통제를 하겠느냐?"

이튿날 읍내는 발칵 뒤집혔다. 지난밤에 **나라**초등학교 4학년 교실에서 반장 지진도마뱀이 온몸에 상처를 입은 채 처참하게 죽어 있는 모습이 발견된 것이다.

시체의 옆에는 도리깨, 갈고리, 나래, 따비가 어지럽게 널려 있었다. 이 연장들은 마치 '우리들은 더 이상 연장이 아닙니다.' 라고 말하는 듯했다. 그 밖에 발견된 것은 없다.

누가 지진도마뱀을 죽였을까? 학생일수도, 일반인일 수도 있다. 아마도 죽임에 쓰인 무기는 도리깨, 갈고리, 나래, 따비가 될는지도 모른다.

왜 죽였는지, 어떤 무기가 직접적인 사인이 되었는지는 수사를 해봐야 알 수 있다.

수사팀은 네 팀으로 구성되었다. 도리깨팀, 갈고리팀, 나래팀, 따비팀이다. 이 팀들에게 주어진 첫째 임무는 읍내의 모든 가옥 중 도리깨, 갈고리, 나래, 따비를 잃어버린 가구를 조사하는 것이고, 둘째 임무는 현장에서 발견된 연장의 주인을 찾는 것이다. 그다음, 셋째 임무는 사고 당시 주인과 가족의 알리바이를 대조하는 것이다. 물론, 지진도마뱀의 교우관계, 가족에 원한을 가진 사람은 없는지도 샅샅이 조사할 참이다.

조사가 시작되자 읍내 농가에는 큰 혼란이 생겼다. 농기구라는 게 모양이 비슷비슷해서 비슷한 것 중에서 내 것을 찾는 것이 어렵고 정작 조사가 착수되자 내 것이 남의 것이 되어 있는 것이 더 많았던 것이다.

나라초등학교도 가만히 있을 수 없는 일이다. 긴급 교무회의가 열리고 교장 선생님의 지시에 따라 교무주임이 반장이 되어 사고수습대책위원회가 구성되어 수사팀을 도왔다.

경찰이 몇 개의 수사팀을 가동하고 **나라**초등학교도 공조체제를 구성할 만큼 지진도마뱀 사건은 읍내 역사 이래 최고 큰 사건이었다. 그러나 범인들은 의외로 싱겁게 생포되었다.

경찰이 잡은 것이 아니다. **나라**초등학교의 사고수습대책위원회도 전혀 도움이 되지 않았다. 전 장군이 똥장군을 지고 학교 뒤 소나무 숲 정자를 지나다 정자 마루 밑에 웅크리고 있는 도리깨와 갈고리, 나래, 따비를 우연히 발견해 작대기로 소를 몰듯 네 아이들을 경찰에 넘겼다.

이에 대해 읍사무소는 전 장군에게 용감한 시민상을, 경찰 당국은 명예경찰을 제의했지만, 두 제의 모두 전 장군이 거절했다.

전 장군은 싱겁게 웃으며 담담하게 말했다.

"작대기 하나로 흉악한 범인들을 어떻게 일망타진할 수 있겠습니까? 나는 그냥 길을 갔고, 그 녀석들이 내 작대기 앞으로 걸어갔을 뿐입니다."

"그래요? 범인들이 작대기 앞으로 그냥 걸어갔다고?"

수사책임자가 묘한 웃음을 지었다. 설익은 포도를 씹은 듯 입이 개운치 않다.

'전 장군이라……. 똥 푸는 놈인데, 묘한 재주를 가진 놈이다. 작대기를 투망처럼 써서 범인들을 일망타진하다니!'

수사책임자가 보기에 전 장군이란 자는 빈틈이 많다. 헤벌린 입, 헐거운 옷. 속이 없는 허수아비를 닮았다.

'어떻게 하지? 상급부서에 보고를 해야 하는데……. 허수아비가 범인을 잡았다고 보고를 하면 나를 허수아비로 보겠지?'

별, 사라지다

읍내의 가장 높은 언덕에 교회가 있다. 이 언덕은 남쪽에서 올라와 읍내 한가운데를 거쳐 북쪽으로 향하는 신작로 위쪽 끝에 있다.

만약 버스를 타고 읍내를 지나 큰 도시로 향하는 승객이 왼쪽을 보면 폭군도마뱀 언덕, 소나무 숲으로 뻗은 어둔골 계곡을 지나 고갯길로 접어들면 지친 버스의 배기통이 흔들리고 헐떡거리며 오르는 차창 밖 언덕 위에 자리잡은 작은 교회가 시야에 들어온다. 이 신작로를 계속 따라가면 교육위원회가 있는 큰 도시가 나오고 그 길의 끝에 우리나라에서 가장 큰 서울이 있다.

이 교회가 있는 언덕은 읍내에서 별이 가장 많이 뜨는 곳이기도 하다. 교인들만을 위한 예배당이지만 지붕 위에 둥근 달이 뜨고 이름 없는 별들까지 총총히 뜨는 날이면 비밀이 필요한 연인들이 밀어를 나누는 장소가 되기도 한다.

교회에 가려면 돌로 평평히 만든 30개의 계단을 올라가야 한다. 계단에 놓인 돌들이 읍내 사람들의 얼굴처럼 제각각이다. 어느 돌 하나 같은 게 없고 계단 간격 또한 일정하지 않아 기도하는 마음으로 한 칸 한 칸 오르지 않으면 헛발 디디기 십상이다.

마을 어른들 중엔 이 계단을 '시험의 계단'이라고 부르는 사람도 있다. 사실, 시험이란 문제를 푸는 사람에 따라 답안이 다른 법이다. 그래서 이 계단은 '회개의 계단'이기도 하고 '위로의 계단'인 동시에 '피안의 계단'이 되기도 한다.

아이들에겐 어떤 계단일까? 이 마을 아이들에겐 하느님이 별과 같은 존재 이상도 이하도 아니다. 하느님이 별처럼 환할 뿐 구체적인 모습이 보이지 않는다는 뜻이다. 하늘에 뜬 뭇별들이 큰곰자리, 작은곰자리, 목동자리, 사자자리, 까마귀자리 등 많기도 많지만 그런 것들이 실제로 그 자리에 들어 있지 않을지도 모르는 것처럼.

이 아이들에게 교회의 첫 번째 계단부터 다섯 번째 계단까지는 교실 뒤에 있는 신발장과 같다. 아이들이 교회를 기피하고 목사를 무서워하는 것은 다섯 번째 계단 이후 때문이다.

교회엔 목사 부부가 상주한다. 목사는 두개의기둥 복사판 같다. 두개의기둥이 작은 곰이라면 목사는 큰 곰을 연상시킨다. 여기서 비유되는 곰들은 별자리와 다른 곰이다. 그러나 두 사람은 아무 연관이 없다. 일가도, 친척도 아니다.

체격이나 참견 잘하는 것으로 치면 목사 부인은 교장 선생님

부인과 비슷하나 눈이 훨씬 크고 행동거지가 가볍다. 그녀의 눈에는 곧 떨어질 듯한 눈물이 있다. 목사는 과묵한 편이다. 설교를 하거나 신앙상담을 할 때만 굵고 나긋나긋 이야기할 뿐 보통 때는 말수가 적다.

목사가 기둥처럼 교회를 받쳐들고 있다면, 그 밖의 일은 부인의 몫이다. 그녀는 집회 때만 교회에 머물 뿐 나머지 시간은 읍내에서 보낸다. 신자의 부엌이나 미나리 밭, 장터 늙은 아낙의 목판 옆에서 보이는데, 그녀가 속삭이는 말은 늘 같다.

"하느님은 멀리 계셔서 말씀이 들리지 않아요. 하느님의 말씀을 대신 전해주는 사람이 목사입니다. 천당은 아주 높은 곳에 있어요. 교회의 계단보다 몇 배나 더 높지요. 그러므로 천당에 오르기 위해 서로 돕고 고통을 나눌 이웃이 필요합니다."

예배일이 되면 목사 부부가 웃는 낯으로 신자들을 맞이한다. 목사는 계단 위에 서 있고, 부인은 계단 밑에 있다. 부인이 계단 아래에 있는 것은 나이 많은 할머니나 할아버지가 힘겹게 계단을 오를 때 부축해주기 위해서이다.

읍내의 신자들 중 더러는 목사 부인의 말을 의심하기도 하지만, 그녀의 부축을 받고 계단을 오르노라면 그녀를 의심하는 사람은 훨씬 적어진다. 확실히 하느님은 그들로부터 멀리 있고, 천당은 누군가의 도움 없이는 이르지 못하는 곳에 있다.

언제부터인지는 알 수 없으나 이 교회에 낯선 두 사람의 모습이 보이기 시작했다. 한 사람은 낡은 비녀를 꽂은 허리 굽은 노파였다. 아침저녁으로 미장원 앞마당을 쓸던 노파가 미장원 앞마당 대신 교회 계단 섬돌들을 하나하나 닦고 있었던 것이다.

신자들 중 이 노파에 낯이 익은 사람들은 이 노파가 어디에 사는 누구인지 알고 있었지만, 낯선 이들에게는 매우 이상하고 생뚱맞아 보였다. 때 묻은 한복에 머리를 틀어 비녀를 꽂은 모습이 교회와는 맞지 않았던 모양이다. 어슴푸레한 저녁에 마주치면 마귀할멈을 본 것처럼 놀라 자빠지는 사람도 있었다.

거기에다 아무와도 대화를 섞지 않으니 하느님의 말씀이 존재의 이유인 교회에서 본다면 이 노파야말로 난바다에 외로이 뜬 섬과 같았다.

이런 까닭으로 신자들 사이에선 노파가 비록 교회에 이바지하는 바가 있을지라도 교회 밖으로 보내는 것이 좋겠다는 중론이 서서히 고개를 내밀고 있었다.

또 하나의 방문자는 원시거북이다. 원시거북은 그 이름처럼 교회의 그 누구도 알 수 없는 시간에 어둠을 타고 느릿느릿, 그러나 자취를 남기지 않고 교회의 뒤뜰 후미진 곳에 나타나기 시작했다. 교회에서 가장 인적이 뜸한 곳으로 목사 부부의 살림방과 교회 경계에 굴뚝이 있는 곳이다.

원시거북이 이곳을 찾는 이유는 시를 쓰기 위해서이다. 교육위원회 글짓기 대회에서 시 부문 장려상을 받은 이래 아이들이 시인이라 칭송했으나 정작 본인은 시인이라는 칭송이 버거워지기 시작했다.

교실 창문이 깨어져 검게 차단했을 때에도 색다른 시상이 떠올랐는데 얼룩얼룩한 알루미늄으로 바뀌자 생각의 편린들이 마치 물결처럼 출렁거려 아무것도 쓸 수 없는 지경에 이른 것이다.

원시거북이 교회를 찾기 시작한 것은 이곳이라면 시를 쓸 수 있을지도 모른다는 생각에서이다. 교회에서 굴뚝 옆이 가장 조용했고, 거기 홀로 앉아 뭇별들이 영롱하게 반짝이는 모습을 보노라면 어찌 아름다운 시상이 떠오르지 않겠는가!

원시거북이 교회 뒤뜰에 이르면 늘 하는 버릇이 있다. 먼저 굴뚝과 교회건물을 연결하는 낮은 굴뚝 허리에 걸터앉아 턱을 괴고 하늘을 본다. 그리고 별을 헤아린다. 별 하나, 별 둘, 별 셋……. 이렇게 해서 별 백 개쯤 세고 나면 별들은 더욱 영롱해지고 친한 것끼리 서로 뭉쳐 움직이기 시작한다. 남쪽으로 가는 놈, 북쪽으로 가는 놈들이 마치 시냇물처럼 흐르고 몸과 몸이 부딪힐 때마다 폭죽이 터지듯 불꽃이 흩어진다.

원시거북이 이 모습을 찬찬히 올려다보면 별들도 말을 한다는 걸 알게 된다. 그리고 귀를 기울이면 별들의 속삭임이 들리고 그녀도 별을 향해 말을 건넨다.

"두 마리의 개가 소 떼를 북쪽으로 몰고, 그 뒤에서 개들에게 손짓하는 아저씨는 누구세요?"

"두 마리의 개는 카라(Chara)와 아스테리온(Asterion)이고 나는 목동별이란다."

"제가 보여요?"

"암, 보이다마다. 네 이름이 뭐냐?"

"원시거북."

"노트와 연필을 가지고 있는 걸 보니 시를 쓰는 아이인 게로구나."

"예, 밤하늘에 별을 보면 시상이 생겨요."

"그것은 너의 시가 아니란다. 네 시를 쓰려거든 네 마음의 별을 보고 쓰거라."

"아무쪼록 그렇게 되길 바랄 뿐이죠. 별을 알아야 마음속에 넣을 수 있지 않겠어요?"

"원시거북, 느리지만 똑똑한 아이로구나!"

"그런데 목동별님은 하루 종일 소만 모세요?"

"그건 아니란다. 내 위에 하느님이 계시고, 내 아래에 원시거북이 있지."

"하느님이 나를 볼까요?"

"응, 나를 통해 너를 본단다. 어디 보자. 이름은 원시거북, **나라**초등학교의 시인, 너의 친구들엔 고대의날개, 두개의기둥, 폭군도마뱀이 있지?"

"오, 정확히 맞아요, 목동별님. 목동별님이야말로 목사님의 별이기도 하군요!"

그때 검은 구름이 흘러와 목동별, 두 마리의 개, 소 떼들이 사

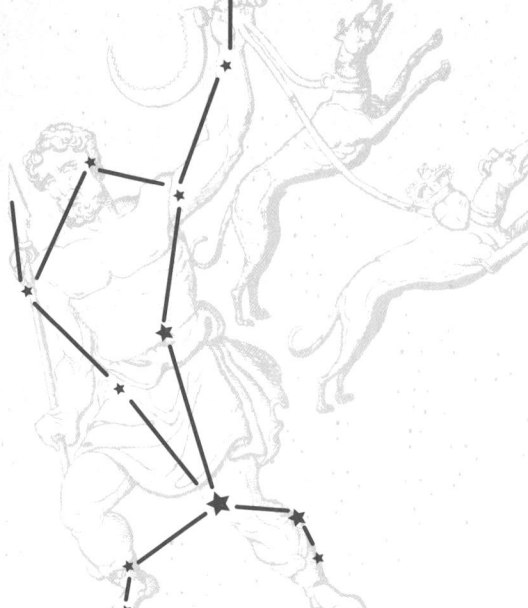

라졌다. 그 순간 찬 바람이 원시거북의 머릿결을 흔들며 사라졌다. 손이 시렵다. 사방은 어둠뿐이다. 잠시의 침묵을 깨고 어디선가로부터 속삭임이 들렸다. 차디찬 목소리이다.

원시거북이 귀를 기울이고 속삭임 쪽으로 움직이니 창틈으로 불이 새어나오고 그 안에 목사 부부의 모습이 희미하게 보인다.

"미장원 주인이 할멈을 교회에 보냈을 때 그 이유를 살폈어야 하는데……. 목사님 말씀대로 할멈이 복덩이가 아니라 암덩이가 될 줄이야."

"할멈이 온 후로 계단은 훨씬 깨끗해지지 않았소?"

"그거야 그렇지요만, 행색이 미장원에서뿐만 아니라 교회에서도 너무 맞지 않는지라……"

"누가 말하는 사람이라도 있소?"

"권 장로님도 그렇고 박 집사님도 마귀할멈 같다지 않아요. 고운 눈으로 보는 신자가 아무도 없대도요."

"허허, 이걸 어쩐다? 미장원에 있으면 손님 떨어지고, 교회에 있으면 신자가 떨어진다는 말인데……."

"더욱 난처한 것은……."

"그게 뭐요?"

"할멈이 말씀을 하지 않는 거예요."

"말씀을 하지 않는다?"

"생각해봐요. 교회란 하느님의 말씀으로 존재하는 곳이에요. 장로님들과 집사님들이 하느님의 말씀을 전해도 대꾸가 없으니 하느님을 부정하는 태도로 보이지 않겠어요?"

"그건 아닐게요만……."

"할멈이 싫어 교회를 기피하는 신자들이 하나둘씩 나타났대도요. 계단을 아무리 잘 닦은들 그 길이 복음의 길이 되지 않는다면 아무 소용이 없는 거예요. 이건 보통 일이 아니라고요!"

"미장원 주인은 헌금을 가장 많이 내는 신도인데, 이를 어떻게 이야기한다?"

"목사님은 가만히 계시기만 하세요. 제가 알아서 할 테니……."

목동별은 눈으로,
독수리별은 날갯짓으로 말한다.

수많은 별들 중에 할멈별은 어디 있을까?

아직은 알 수 없다,
할멈이 말하기 전까지는.

이것이 이날 밤 원시거북이 언 손으로 노트에 적은 전부이다. 노트를 덮은 원시거북은 왠지 쓸쓸했다.

구름 낀 하늘 때문이었을까? 목사 부부의 대화를 엿들어서였는지도 모른다.

사방은 어둡고 춥다. 이제 떠나야 할 시간이다. 원시거북은 벽을 더듬으며 교회 앞 계단에 이르렀다. 시를 쓴다는 것은 어둠을 헤치는 것처럼 힘들다.

원시거북이 십자가에 들어 있는 등불의 혜택을 받아 무사히 계단을 내려오자 계단 밑에 웅크리고 있는 어두운 그림자가 있었다. 머리에 비녀를 꽂고 있는 뒷모습을 보니 할멈이 분명하다. 어깨를 들썩이는 것으로 보아 우는 모양이다.

"할머니?"

원시거북이 나직이 속삭였다. 노파가 눈물을 훔치며 고개를 돌린다.

"고대의날개 친구로구나."

"울고 계셨군요."

"……."

"무엇이 그리 슬프셨나요?"

"나는 슬프지 않단다."

"그런데 눈물을 흘리셨잖아요?"

"네가 불쌍해서 내가 눈물을 흘리면 나도 너처럼 슬퍼지겠지만, 내가 나를 위해 우는 것은 슬픈 게 아니란다. 지금 내가 흘리는 눈물은 내가 나를 위로하는 말과 같단다."

노파가 일어나 두 손으로 원시거북의 손을 감싸 안았다.

"어쨌든 고맙구나, 원시거북."

"저는 슬퍼요."

"같이 걷자꾸나. 같이 있으면 슬픔도 사라지는 법!"

두 사람이 손을 잡고 걸었다. 터진 구름 사이로 달빛이 내려왔다. 달빛에 어린 두 그림자의 키는 거의 같다.

"할머니, 여쭤볼 게 있어요."

"물어보거라."

"할머니는 교회 신자들과는 말씀을 안 하세요?"

"나는 그런 적이 없단다만, 왜! 누가 그러더냐?"

"목사님 부부가 말씀하시는 걸 들었어요. 장로님들과 집사님들이 그러시더라고……."

"내가 말을 하지 않은 게 아니라 못 한 거란다. 목사가 목사의 말을 하고, 장로와 집사가 그들의 말만 하는데 내가 어떻게 알아들을 수 있겠느냐? 나는 그 사람들이 무슨 말을 하는지 몰라 대답하지 않았을 뿐이란다."

원시거북은 아무나 목동별의 말을 들을 수 있는 게 아니라는 걸 알았다. 두 개의 그림자가 서로 가까워졌다.

하늘은 맑아지고 있다. 할멈의 별은 어디 있을까? 원시거북은 할멈에게 하늘에 뜬 수많은 별들에 대해 이야기하고 싶었으나 말하지 않았다. 장로들과 집사들의 말을 할멈이 알아들을 수 없었던 것처럼, 할멈의 말을 원시거북이 알아들을 수 없을지도 모르기 때문이다.

읍내에서 가장 큰 명절은 추석이고 교회에서 가장 큰 행사는 추수감사절이다. 곳간이 쌓여야 인심이 생기고 신앙이 돈독해지는 것이 당연한 이치이다. 목사는 이때를 물실호기勿失好機로 삼아 야심 찬 행사를 하나 준비했다. 추수감사절 예배에

> **물실호기(勿失好機)**
> 좋은 기회를 놓치지 않는다는 뜻이다.

어린아이들을 상대로 한 연극을 공연함으로써 신도들을 확장코자 하는 계획이었다.

'아이들의 호기심을 일으키고 신앙심을 키우려면 어떤 작품

이 좋을까? 그래, 장 발장(Jean Valjean)이야. 전 작품을 다 할 필요는 없고 장 발장과 마리엘 주교, 자베르 경감, 코제트의 관계만 부각시키는 단막극을 만들자. 마리엘 주교는 마리엘 목사로 바꾸자.'

이렇게 해서 목사는 빅토르 위고의 『레미제라블』을 어린이가 쉽게 이해할 수 있도록 각색하고 제목을 "인자한 마리엘 목사"라고 붙였다. 이야기의 중심이 장 발장에서 마리엘 목사로 바뀐 것이다. 목사가 이 작품을 쓰면서 생각한 배역은 다음과 같다.

장 발장에 폭군도마뱀, 자베르 경감은 새벽의약탈자, 마리우스엔 두개의기둥, 코제트는 고대의날개, 마리엘 목사는 나이가 많은 사람이어야 하니까 목사가 맡는다.

교회에 대한 기여도로 본다면 양조장 아들인 두개의기둥이 장 발장으로 분해야 하나, 순전히 아이들의 암기능력을 감안한 조치였다. 그러나 이 배역은 시작도 해보기 전에 난관에 부딪힌다.

두개의기둥이 장 발장을 해야 한다고 고집을 부린 반면, 그 애의 엄마는 치맛바람을 일으키며 한사코 두개의기둥이 마리우스를 맡으면 안 된다고 주장했다.

한티보 사건 이후로 고대의날개와 지진도마뱀이 그렇고 그런 사이라는 게 읍내에 파다했기 때문이다. 죽은 지진도마뱀이 두개의기둥 엄마에게는 살아 있다니……. 목사의 입장에서 보면 참으로 답답한 일이 아닐 수 없다. 연극을 현실로 착각하는 마을이니 얼마나 미개한 마을인가 말이다. 답답한 마음으로 두개의기둥을 설득해보니 결코 만만한 녀석이 아니다. 고집불통이다.

"애야, 장 발장은 도둑놈이란다. 세상에 너처럼 귀엽고 통통한 도둑놈이 어디 있단 말이냐?"

"삐쩍 마르고 험상궂은 사람만 도둑놈이라면 경찰이 무슨 필요가 있겠어요? 제가 장 발장을 해야 해요!"

"처음에는 나도 너를 장 발장으로 하고 싶었단다. 그러나 장 발장은 대사가 너무 많단다. 그래서 너를 마리우스로……."

"목사님은 제가 머리가 나쁘다고 말씀하시는 건가요?"

"설마 그럴 리가……. 추수감사절만 지나면 끝나는 연극인데, 네가 많은 대사를 외워야 되는 것이 안타까워서……."

"저는 잘할 수 있어요. 제가 장 발장을 해야 해요!"

고집에 있어서는 두개의기둥 엄마도 밀릴 처지가 아니었다.

"두개의기둥 어머니, 풍문이란 한 귀로 듣고 다른 귀로 흘려버려야 바람처럼 사라진답니다. 한 귀로 듣고 다른 귀를 막으면 정말 현실이 될 수도 있는 일이죠. 아무쪼록 괘념치 마시도록……."

"그건 장래의 일이고 지금 떠돌고 있는 소문은 그렇지 않잖아요. 어쨌든 우리 아이가 고대의날개와 엮이는 것은 한사코 반대예요!"

인자하고 인내심 많은 목사는 결국 배역을 바꿨다. 바뀐 배역은 장 발장에 두개의기둥, 자베르 경감엔 새벽의약탈자, 마리우스에 폭군도마뱀, 코제트에 고대의날개이다.

추수감사절. 예배가 끝나고 장 발장을 공연할 즈음 교회는 관중으로 가득 메워졌다. 비신도들도 자녀나 이웃 아이들의 공연을 보러 왔기 때문이다.

막이 열리고 환호하는 관중을 바라보는 목사 부부의 표정엔 웃음이 가득했다. 이 사람들이 모두 신자가 된다면? 금년엔 축복이 넘치는 추수감사절이 될 게 분명하다.

연극이 시작되었다. 목사가 그의 방에서 경건하게 기도한 다음 촛불을 끄고 잠이 든다. 어두운 방이다. 이때 장 발장으로 분한 두개의기둥이 방문을 열고 살금살금 들어와 잠이 든 목사를 힐끔 바라본 다음 은촛대를 가방에 넣고 유유히 사라진다. 관중의 박수가 이어진다.

이렇게 시작된 「인자한 마리엘 목사」는 자베르 경감으로 분한 새벽의약탈자의 집요한 추적과 폭군도마뱀, 고대의날개의 애틋한 사랑 연기로 관중을 매료시켰다.

그러나 이 연극은 끝 부분에 들어서면서, 목사가 걱정한 바대로, 집중력을 잃은 두개의기둥이 대사를 잘 못하는 바람에 엉뚱한 사단을 일으키고 만다.

대미를 장식해야 할 두개의기둥의 대사는 '이웃을 사랑하는 것은 주님의 얼굴을 보는 것'이었다.

그런데 두개의기둥은 이 대사를 '목사님을 사랑하면 이웃이 알게 된다.'라고 말했고, 이 말을 들은 비신도 한 사람이 교육위원회가 있는 도시의 한 요릿집에서 목사와 미장원 여주인이 같이 나오는 것을 본 일이 있다고 속삭이자 온 관중이 술렁거리기 시작한 것이다. 뒤이어 관중석에 있던 고대의날개 엄마가 낯을 붉히고 뛰어나가자 이 사태는 누구도 진정시킬 수 없는 불길로 치솟았다.

그 후, 교회는 어떻게 되었을까? 추수감사절보다 신자가 훨씬 줄어들었다. 읍내는 떠다니는 풍문이 잦아들 기색이 보이지 않았다. 엎친 데 덮친 격으로 비녀를 꽂은 할멈까지 자취를 감춰버리자 그 이유가 미장원이라는 사람도 있고 교회라는 사람도 있는 등 구구했다. 그러나 정작 할멈이 어디로 갔는지 궁금해하는 사람은 적은 편이었다.

해 질 녘, 땅거미가 내려앉는 교회 계단 아래에 원시거북이 앉아 있다. 전 장군이 똥지게를 지고 산마루에서 교회 쪽으로 터덜터덜 걸어오고 있다. 발걸음이 가벼운 것으로 보아 똥통이 비어 있나 보다. 전 장군이 원시거북을 보았다.

"몹시 피곤해 보이는구나. 마치, 네 몸의 한 부분이 없어진 것처럼."

"아마 그런가 봐요. 없어진다는 게 뭘 의미할까요?"

"여러 가지 원인이 있겠지. 잃어버리는 것, 잊어버리는 것, 내가 버린 것, 나를 떠난 것. 내 곁에서 없어지는 건 하루에도 스무 개가 넘을 게다. 없어지는 건 내겐 별 의미가 없단다."

전 장군이 작대기로 똥통을 통, 통, 통 쳐보인다. 빈 통에서 낭랑한 소리가 울린다. 마치 그의 걸음에 장단을 맞추듯. 그러고 나서 호기심이 가득한 표정을 지으며 손가락을 오므려 원시거북의 이마를 퉁긴다. 원시거북의 이마에서 톡! 소리가 났다.

"아야!"

"헤헤헤헤, 아프냐?"

"아프고말고요!"

"내게서 없어진 것에서는 통, 통, 통 소리가 나고, 네게서 없어진 것들은 톡! 하고 떨어져나갔나 보다. 내게서 없어진 것과 네게서 없어진 게 다르다는 뜻이다."

"조금 전 묏부리에 부서지는 구름을 보았어요. 부서진 다음엔 또 하나가 되더군요. 별들도 그렇게 사라지고 또 나타날까요?"

"글쎄, 나는 알 수 없다. 내게서 없어진 것들도 모르는데……."

전 장군이 휘파람을 불며 마을 쪽으로 내려간다. 발걸음이 가볍다.

잠시 생각에 잠겼던 원시거북이 노트를 가방에 꾸려 넣은 다음 느릿느릿 전 장군을 따라 내려간다. 그녀의 걸음은 결코 가볍지 않다.

가는 것은 가는 대로, 오는 것은 오는 대로 그렇게 살면 얼마나 좋겠는가!

그러나 밤하늘의 무수한 별들조차 가는 것은 그냥 가지 않고 오는 것도 낙엽처럼 그냥 굴러오지 않는다.

나비의 실종

　　읍내 교회가 있는 언덕은 폐허가 되었다. 추수감사절 이후 교인이 점점 줄더니 마침내 문에 자물쇠가 채워졌다. 지금은 뾰족한 지붕 위에 세워진 십자가만 덩그러니 녹이 슬어 남아 있을 뿐이다. 문 앞에는 쓰레기가 쌓여 있고 색깔이 바랜 바람벽은 때 묻은 치마처럼 칙칙하다.

　　목사 부부가 어디로 떠났는지 아는 사람은 아무도 없다. 이제 언덕을 찾는 사람은 없다. 비단 교인뿐만이 아니다. 연인들도, 아이들도 누구도 찾지 않는다.

　　밤이 되면 이 언덕엔 오직 뭇별들만 외롭게 반짝인다.

　　읍내 유지 중에는 읍내에서 가장 높은 언덕에 유령의 집처럼 변한 빈 교회를 보고 걱정하는 이들이 많다. 교회를 어린이 집으로 만들자는 사람들도 있었고, 교회를 허물고 공원을 만들자는 의견도 있었다. 그러나 이 땅은 사유지이다. 이 땅의 주인은 목사이다. 땅 주인이 사라지고 없는데 어떻게 어린이 집을 만들고 공원을 만들겠는가? 목사 부부가 나타날 때까지 당분간 기다릴 수밖에 없다. 을씨년스러운 모습 그대로…….

그런데 이 황무지 같은 언덕을 가끔씩 찾아오는 아이가 있다. 원시거북이다.

시를 쓰기 위해 올 때도 있지만 그렇지 않을 때가 더 많다. 읍내 아이들이 숨바꼭질의 술래일 때만 원시거북을 좋아하기 때문이다. 그 애는 추운 겨울에도 해가 중천을 넘었을 때 와서 산마루가 붉게 물들고 어스름한 그림자가 교회를 뒤덮을 때 내려온다.

샛별과 더불어 몇 개의 별들이 뜨고 전 장군이 산밭에 거름을 주고 빈 똥통을 지고 내려올 때이다.

어떤 개인 날, 샛별이 유난히 밝은 날이다. 샛별 옆에 몇 개의 별이 어슴프레 뜨더니 그중 하나가 흰 빗금을 흘리며 동서쪽으로 떨어졌다.

원시거북은 이 별이 어디로 떨어졌는지 알 것 같은 느낌이다. 이틀 전부터 시름시름 앓던 별을 보았는데 그 별이 폭군도마뱀 언덕 공동묘지에 떨어졌을 게다.

그리고 한 시간쯤 후, 원시거북이 노트를 허리에 끼고 예배당 계단을 내려오다 똥통을 메고 터덜터덜 걸어오는 전 장군과 마주쳤다.

"장군 아저씨, 안녕!"

"오, 원시거북. 시를 썼던 게로구나."

"읽어보실래요?"

"나는 시를 모른다만, 네가 보라면 기꺼이……."

원시거북이 시가 쓰인 페이지를 편 노트를 건네주자 전 장군이 빈 똥통을 지고 비스듬히 서서 시를 검지로 짚으며 떠듬떠듬 소리 내어 읽는다.

돌을 던진다.
또르륵 또르륵
통! 통!

별이 사라진다.
쁘르륵 쁘르륵
삑! 삑!

버리면
또르륵, 통!
사라지면
쁘르륵, 삑!

또르륵, 삑! 쁘르륵, 통!

"내가 제대로 읽었는지 모르겠다만, 이건 소리에 관한 시로구나. 그런데 내가 아는 소리와는 좀 다른 걸."

"어떻게 다른데요?"

"내가 돌을 던지면 쉬익, 쉬익 날아가서 펑! 하고 떨어지거든."

"그럼 다시 써야 하나요?"

"그건 아니지. 나는 잘 모른다만 너만의 소리가 있어야 너의 시가 되지 않겠니?"

"아저씨와 같은 소리였으면 좋았으련만……."

"내가 돌을 던지면 다른 소리가 나지만, 나는 네가 돌을 던졌을 때 소리를 알 수 있단다. 그러니 너의 시는 좋은 시일 게다."

"그랬으면 좋겠어요."

"애야, 처서가 지나면 모기의 입이 삐뚤어지는 걸 아니?"

"몰라요."

"요즈음 모기에 물린 적은 없지?"

"예, 없어요!"

"입이 삐뚤어져서 울지도 못하고 물지도 못하는 거란다."

"햐~아, 신기해요!"

"사람은 사람마다 소리가 있단다. 시냇물, 돌, 별들도 각자의 소리가 있지. 그리고 그 소리들은 시간에 따라 변하지. 원시거북아, 오늘 지금 네가 듣고 있는 소리를 소중히 하거라. 그래야 그 소리들이 시간이 지날수록 선명하고 아름다운 추억이 된단다.

읍내 옆 읍내에 닭장수가 살았다. 닭장수는 허우대가 크고 싫고 좋음이 금방 얼굴에 나타나는 사람이었다. 읍내 앞 읍내, 읍내 뒤 읍내 등 주변 읍내들의 오일장을 맴도는 장돌뱅이였다.

대개의 장돌뱅이들은 오일장 물건을 한 묶음으로 가지고 다니며 다섯 개의 장터를 다 훑고 나서 집으로 가지만, 이 닭장수의 자전거 짐받이에 설치한 닭장에는 늘 하루 팔 닭만 실려 있었다. 비록 늦는 일이 있더라도 늘 집에서 묵고 이튿날 다음 장으로 향했기 때문이다. 그러므로 해가 지기 전에 닭장수의 닭장이 비워지는 날이면 닭장수가 휘파람을 불며 가벼운 발걸음으로 집으로 가는 모습을 볼 수 있다.

닭장수는 읍내 옆 읍내의 외진 곳에 산다. 그에게는 작고 갸름한 아내가 있다. 주변 사람들은 소문으로 그렇게 알 뿐 실제로 닭장수 아내를 본 이는 극히 드물다.

닭장수 아내는 지금 살고 있는 읍내 뒤 읍내의 양반집 외동딸이었다고 한다. 그 외동딸이 어떻게 해서 읍내 옆 읍내의 닭장수와 살게 되었는지는 아무도 모른다. 다만, 닭장수가 그 날 그 날 닭을 팔고 집으로 돌아가는 이유가 아내에게 있고, 그 아내가 남편이 없으면 아무것도 할 수 없는 사람이란 건 분명한 모양이다.

빨래를 하건, 밥을 짓건 닭장수가 하는데 가끔씩 아내가 나와 툇마루에 앉아 먼 하늘만 본다.

이 모습을 본 마을 사람들은 닭장수의 아내가 미쳤다는 이도 있고 몽유병자라는 사람도 있다. 돌보는 이가 없을 때는 슬그머니 집을 나가 산으로 들로 헤매고 다녀 남편이 며칠을 찾은 끝에 초라한 모습의 아내를 끌고 온 일이 한두 번이 아니다.

그래서 닭장수가 외출한 후에는 그의 집 사립에 걸대가 걸려 있는 때가 많다. 두 부부에겐 예닐곱 된 아들이 있다. 이 아이는 학교에 다니질 못했다. 아버지가 장에 가고 나면 어머니를 돌봐야 하기 때문이다.

아마 비가 오는 날이었을 게다. 닭장수가 먼 읍내 장에 가고, 어머니를 돌봐야 할 아들이 낯선 개 한 마리가 나타나 같이 노는 사이 어머니가 어디론가 떠났다. 아들이 온 마을을 뒤지고 뒤늦게 온 아버지가 오일장 서는 읍내를 샅샅이 훑었건만 도무지 찾지를 못했다.

닭장수의 아내는 어디로 사라졌을까? 닭장수는 몰랐을 게 분명하다. 그렇지 않다면 이 장 저 장 수소문하고 다니기를 수 삼년, 마침내 닭장 친 자전거까지 내팽개치고 술에 절어 떠돌다가 파장한 장터 수채 구멍에 머리를 박고 죽을 까닭이 없다.

아들은 아비와 달리 엄마가 간 길을 어렴풋이 기억한다. 비가 오는 날이면, 엄마는 툇마루 기둥에 기대앉아 "나비야, 나비야, 이리 날아오너라." 하고 노래를 불렀다. 이 노래를 듣고 아들이 "비가 오는데 나비가 어디 있담." 하고 말하면 엄마는 늘 같은 대답을 했다.

"이제 곧 올 거란다. 나는 그 소리를 듣거든. 방금 전 고욤나무 집 장독대를 넘어 우리 집으로 오는 외진 골목으로 하늘하늘 날아오고 있단다. 나비야, 나비야, 이리 날아오너라."

이로써 아들은 추측했다. 아마, 아들의 엄마는 지금도 어딘가에서 집 사립에 잠시 앉았다 떠난 나비를 쫓아가고 있는지도 모른다고……

대장간 조수는 오른쪽 손목이 없다. 외지에 갔다가 잘려 온 것인데 그 이유가 불분명하다. 기차에 무임승차했다가 정거장 못 미쳐서 뛰어내리다 다쳤다는 소문도 있고, 어떤 승객의 가방을 털던 소매치기와 다투다 칼에 찔렸다는 소문도 있다. 사수의 팔이 되어야 하는 조수가 팔이 없어진 것이다.

읍내 장날이다. 대장간은 장터로 가는 길목에 있다. 장을 보러 가는 사람들, 장을 보고 오는 사람들이 대장간 앞을 부산하게 지나간다.

사수가 땀을 뻘뻘 흘리며 주문받은 연장들을 다림질하고 있다. 사수와 조수 사이엔 벌건 불통이 있다. 풍구(풀무) 뒤 통나무 토막에 앉은 조수가 사수를 물끄러미 바라본다. 조수의 두 눈에 눈물이 고인다.

어른거리는 조수의 시선 너머로 노란 나비 한 마리가 팔랑팔랑 날아오더니 대장간 문 앞에서 급선회하여 나풀나풀 사라진다. 조수의 두 눈에 눈물이 떨어진다.

겨울에 나비라니 있을 턱이 있겠는가? 조수가 꿈을 꾸듯이, 상상 속으로 날아간 나비일 게다.

이튿날 대장간 조수가 사라졌다. 조수의 실종은 읍내 사람들을 며칠간 슬프게 했다. 손목이 잘린 대장간 조수가 어디서 무엇을 할까?

그러나 그것도 잠시, 시간이 지나자 대장간 조수는 마치 연극이 끝나고 무대에 어둠이 내려진 것처럼 읍내 사람들의 기억 밖으로 사라졌다.

2월의 아침이다. 밖엔 스산한 바람이 부는 듯하다. 문풍지가 요란하게 흔들린다. 교장 선생님이 잠에서 깨어 문을 열고 밖을 보니 진눈깨비가 흩뿌린다.

여한餘寒이 이러한 즉, 의경착衣更着이 필수로고……. 창문과 동시에 입을 닫고 돌아서나 입 끝에 시린 냉기가 가시지 않는다.

오늘 두개의기둥과 폭군도마뱀이 졸업한다. 학년이 바뀌면 교실도 바꿔주는 게 마땅했지만, 이 아이들은 5학년, 6학년 때도 플라스틱 유리창을 낀 교실을 바꿔주지 않았다.

사물이 제대로 보이지 않는 교실이다. 예산이 모자란 탓도 있으려니와 오죽하면 그런 조치를 내렸을까?

'꾸야'놀이인가 뭔가로 멀쩡한 유리창을 박살낸 사건, 오렌지 캐러멜, 풍금에서 개구리가 튀어나오기까지 그 중심에 두개의 기둥이 서 있었으니, 어젯밤 어둔골 우물 아래 창포 밭 터를 빙판으로 만든 녀석도 그놈일 게야.

고이얀~ 놈!

세수를 하고 나오니 아내가 벽걸이에 걸어둔 당고바지와 단추가 많은 웃옷을 준다. 행사 때마다 입는 옷이다.

가슴엔 교육위원회에서 받은 메달 옆에 두 개의 메달이 더 걸려 있다. 이 옷을 입으면서 교장 선생님은 세 차례나 기침을 쏟아냈다. 가슴이 꽹과리처럼 울리고 허리가 욱신거린다.

어젯밤 일이다. 기성회장 주선으로 폭군도마뱀의 아버지를 포함한 읍내 유지들과 모임을 가졌다. 장소는 어둔골에서도 상차림이 가장 근사한 별주부 방이다. 어둔골 골목 끝에 있다.

졸업반 아이들의 부모들이 교장 선생님께 베푼 보은의 자리이다. 교장 선생님은 흐뭇한 마음으로 교무주임을 대동시켰다.

산적, 너비아니, 동그랑땡, 구절판이 놓인 으뜸상이 들어오고, 유지마다 연신 고개를 조아리며 교장 선생님의 노고를 칭송하니, 음식을 먹기 전인데도 교장 선생님의 벌어진 입이 다물어지질 않았다.

"호~오! 근사한 상이로고. 구절판은 우리 집사람이 가장 좋아하는 음식인데…… 쯧쯧 안됐군."

교장 선생님이 입을 다시며 턱수염을 쓰다듬는다.

"아뿔싸, 지금이라도 늦지 않은 듯한데 사모님을 모셔오면 어떨까요?"

"허허허허, 그냥 두시지요. 제가 괜한 소리를 했군요."

"제가 주모께 얘기해서 조금 꾸려놓도록 하겠습니다."

"아니, 뭘 그런 것까지. 그냥 내버려 두라니까."

유지 한 사람이 북을 치고 교무주임이 장구를 치니 좌중이 왁자하게 웃었다. 교장 선생님은 쑥스러운 표정이다.

"그런데 초청해주신 기성회장님의 모습이 보이지 않습니다."

"아, 예, 조금 늦으시는가 봅니다."

북을 친 유지의 시선이 문 쪽으로 향할 즈음 미닫이문이 열리고 기성회장의 육중한 몸이 어기적거리며 들어왔다. 한 손은 뒷덜미에, 한 손은 등허리를 잡고 있는데 그 모습이 살찐 고릴라 같다.

"아이고, 내 허리가 절단 났나 보오!"

"아니, 어쩐 일로?"

"요 앞 샘가 수채에서 미끄러져 엎어졌다오."

"어찌 이런 일이……."

좌중의 휘둥그레진 눈이 쏠리자 기성회장이 손사레를 치며 엉거주춤 자리에 앉았다.

"자, 자, 별일 아닐 게요. 교장 선생님 얼른 상석에 좌정하시지요."

"괜찮을는지?"

"괜찮다마다요. 어른들이 미끄러워 잿가루를 뿌려놓으면 개구쟁이들이 몰래 물을 뿌려 빙판을 만들어 놓는다는 곳이 이 샘가 수채인가 보오. 그러고는 골목에 숨어서 지나가는 이들이 낙상하는 꼴을 보고 깔깔댄다지? 아마, 거기에 내 아들 녀석이 있었는지도 모를 일!"

"두개의기둥?"

"읍내의 소문 난 말썽꾸러기라지요? 그놈이 장차 무엇이 되려고 하는지!"

"헤헤헤헤, 장난기가 좀 심하긴 하지만 귀여운 녀석이지요."

"여간한 애물단지가 아닙니다. 뜨거운 누룩에 넘어져 덴 곳이 한두 곳이 아니랍니다. 그 녀석이 한 짓이라면 자식이 파놓은 함정에 아비가 빠진 꼴인데…… 허허허허, 그것 참!"

"두고 보세요. 장차 큰 인물이 될 겁니다."

좌중을 둘러보는 기성회장의 낯에 어두운 기색이 없다. 그가 허리를 펴고 웃자 좌중도 껄껄 웃었다.

이제 모임의 중심은 교장 선생님이다. 기성회장이 교장 선생님을 위한 건배를 외치자 좌중이 일제히 함성을 지르고 잔을 부딪혔다.

모임은 화기애애했다. 교장 선생님은 매우 흡족한 나머지 일생 중 가장 행복한 시간이었다고 생각할 정도였다. 그런데 이를 어쩌랴. 샘 가 수채는 주막 앞에 있고 어둔골을 나오려면 그곳을 지나야 하는데, 그 길을 넘다가 기성회장이 엎어진 자리에서 교장 선생님이 자빠지고 말았다. 뒷짐을 지고 조심조심 걷는다는 게 그 지경이 되었다.

'아이쿠 허리야' 하며 빙판에 손을 짚고 앉으려는데 쭈르르르 미끄러지며 몸이 공처럼 굴러내려간다. 그 순간, 골목에 숨어 있던 아이들이 모이를 바닥낸 참새떼처럼 흩어지는 모습이 교장 선생님의 눈에 보였다.

두개의기둥! 그놈도 있었을 게야, 분명히!

교장 선생님이 정장 위에 목도리를 두른 다음 두툼한 코트를 입었다. 허리가 무겁다. 아무래도 탈이 난 모양이다. 옆에서 출근을 돕던 아내의 표정에 근심이 어린다.

"괜찮겠어요? 여보."

"허리가 영 어설퍼요. 곧 아플 것 같소."

"나이가 들수록 길을 조심하셔야 해요. 학생의 길, 선생님의 길, 교장 선생님의 길이 따로 있는 게 아니잖아요."

"당신도 아시다시피 내가 돌다리도 두드려보고 걷는 사람 아니오?"

"제가 잘 알다마다요. 그러나 빙판길은 두드려봐서는 알 수 없지요. 두께를 가늠할 때나 두드려보는 거지요."

"마수걸이에 자식이 파놓은 덫에 아비가 걸리더니, 파장엔 제자가 파놓은 함정에 스승이 걸린 꼴이라니!"

"그게 무슨 말씀이세요?"

"고이얀~ 놈!"

"고이얀~ 놈이라니…… 누굴 보고 말씀하시는지?"

"두개의기둥 말이오. 예전엔 오렌지캐러멜로 나를 능멸하더니!"

"그 애라는 걸 보셨나요?"

"깜깜해서 보진 못했소. 그 애 아비도 똑같은 장소에서 엎어졌는데 그 애 짓이 아닌가 의심하더이다."

"기성회장님도? 호호호호!"

아내가 애교 섞인 눈을 흘기더니 "아이고, 참 잊어버릴 뻔했네."라며 찬장 서랍에서 오렌지캐러멜 세 개를 교장 선생님 코트 주머니에 넣어준다.

"아니, 여보. 오늘은 왜 세 개야."

"오늘은 졸업식도 있고 행사가 많아서 담배 피울 일이 적지 않겠어요?"

"그래도 다섯 개는 있어야……."

"새 학기가 오면 정년이 되고, 정년이 되면 담배 생각도 줄어들 테니, 이제부터는 세 개로 줄이겠어요."

"오늘만큼은 다섯 개를 줘요!"

"참으세요."

"졸업식장에 두개의기둥이 보일 텐데, 그 녀석을 보면 담배 생각이 절실할 게요."

부인은 미소만 지을 뿐이다. 오렌지캐러멜 두 개를 더 줄 눈치가 아니다. 잠시 서 있던 교장 선생님은 멋쩍은 표정을 지으며 돌아섰다. 허리가 아픈 모양이다. 휘청휘청 걸어나가는 모습이 예전 같지 않다. 그 뒷모습을 보면서 부인이 낭랑하게 말했다.

"병이란 깨닫지 못하는 사람에게 신이 보내는 경고랍니다. 아무쪼록 허리가 괜찮기를!"

오전 10시에 졸업식이다. 폭군도마뱀, 새벽의약탈자, 두개의기둥, 고대의날개, 원시거북이 새 옷을 입고 의젓한 표정으로 졸업하는 학생들 대열에 섰다. 이제, 교장 선생님이 졸업생 각각에게 졸업장을 주면 행사가 끝난다.

두개의기둥에게 졸업장을 줄 순서가 왔다. 졸업장의 한 끝을 교장 선생님이, 다른 끝을 두개의기둥이 잡고 있다.

"흠, 두개의기둥이로구나."

"예, 교장 선생님."

"너는 썰매를 어디서 타는고?"

"남쪽 미나리 밭에서도 타고, 한티보 얕은 곳에서 탈 때도 있어요."

"바람골에 물을 뿌려 미끄럼장을 만들지는 않느냐?"

두개의기둥이 대답 대신 머리를 절레절레 흔든다.

"교장 선생님이 보기에 너는 공부가 좀 모자란 듯하구나. 일 년을 더 다녀야 할 것 같은데 네 생각은 어떠냐?"

"제가 판단할 일은 아닌 것 같군요. 교장 선생님 맘대로 하세요."

두개의기둥은 퉁명스럽게 대답하고 졸업장 한 귀퉁이를 잡은 손을 놓을 기세이다.

교장 선생님은 가슴이 섬뜩했다. 아뿔싸, 이놈이 졸업장을 내밀고 있잖아!

"옛다, 이놈아! 졸업장을 받거라!"

교장 선생님은 졸업장이 마치 만지기 싫은 밤송이인 양 얼른 두개의기둥 쪽으로 밀어버렸다.

따오기 선생님이 교육위원회가 있는 도시 학교로 발령이 났다. 세모빠가 선생님은 얼굴을 붉혔고 따오기 선생님은 기뻐했다.

선생님들은 세모빠가 선생님이 훨씬 먼저 전근 신청을 했는데 발령에서 빠진 것을 의아해 했고, 학생들은 따오기 선생님이 없으면 어느 선생님이 풍금을 치고 노래를 가르칠지 궁금해 했다.

학부형들은 교육당국이 신혼부부를 떨어져 살게 만든 것을 옳게 생각하지 않았다.

발령이 나고 따오기 선생님이 도시로 떠나기 전까지 두 부부는 다툼이 많았나 보다. 집뿐만 아니라 학교에서도, 시장 가는 길목에서도 찌그럭 쩨그럭 하는 모습을 자주 보였다.

대장간 주인이 아직 모양이 잡히지 않은 낫 모양의 쇳불덩어리를 모루에 얹을 때 두 부부가 실랑이를 하며 대장간 앞을 지나는 것을 보았다.

대장간 주인이 긴 손잡이 끝에 걸린 육중한 메로 쇳불덩어리를 철썩철썩 치며 중얼거렸다.

"바른 팔이 없는 조수 놈은 어디서, 무엇을 하고 있는지……. 왼손으로 메질을 했어도 이쯤이면 나와 장단이 맞았으련만……. 쟁이들도 첫 메부터 장단이 맞는 법은 없구먼서도."

따오기 선생님이 도시로 떠난 이후로 학생들은 따오기 선생님을 더 이상 따오기 선생님이라고 부르지 않았다.

따오기 선생님은 새 학교에서 김말숙 선생님으로 불릴 것이다, 아마.

나라초등학교가 있는 읍내에는 중학교가 없다. 고대의날개, 원시거북이 교육위원회가 있는 도시의 중학교에 입학했다. 같은 유니폼이지만 원시거북의 치마는 길고 고대의날개 치마는 짧다.

고대의날개는 가끔씩 지금은 없는 지진도마뱀의 망령에 시달린다. 원시거북은 아직도 시작詩作 노트를 가지고 다닌다. 아마도 두 아이들은 도시에서 고등학교를 졸업하고 나면 고향에서 살게 될 것이다.

폭군도마뱀, 두개의기둥, 새벽의약탈자는 서울로 진학했다. 서울에서 온 새벽의약탈자를 제외하더라도 읍내에선 매우 이례적인 일이다.

본시 서울에도 싸움의 기술은 없다. 폭군도마뱀과 두개의기둥이 서울 생활에 익숙할 쯤이면 싸움의 기술이라는 것이 새벽의약탈자 마음속에 있던 기술이라는 걸 알게 될 게다.

폭군도마뱀이 일류 중학교에, 새벽의약탈자가 중간 정도의 중학교에, 두개의기둥이 삼류 중학교에 들어간 것처럼 세 명의 꿈도 각각 다르다.

폭군도마뱀은 읍내를 관할하는 의원이 된 아버지의 유지를 이어 정치가, 또는 학자가 되는 게 꿈이다. 두개의기둥은 어찌 되었건 아버지처럼 부자가 될 생각이다.

새벽의약탈자는 특별한 소망을 가지고 있진 않았지만 읍내에서 퍼뜨린 싸움의 기술처럼 험난한 세상을 요리조리 피할 수 있는 생활의 기술을 터득하게 될 것이다.

읍내 사람들에게 대장간 조수가 무대 뒤로 사라졌다면, 세 명은 1막 1장의 막이 반쯤 올라가고 있는 연극의 주인공과 같다.

이들의 소망은 폭군도마뱀이 지역 국회의원이 되고 두개의기둥이 아버지의 사업을 계승, 발전시켜 교육위원회가 있는 도시에서도 두개의기둥이 경영하는 도가에서 빚은 술을 마시는 것이다.